EUTHANASIE,
L'ALTERNATIVE JUDICIAIRE

Questions Contemporaines

Collection dirigée par J.P. Chagnollaud B. Péquignot et D. Rolland

Chômage, exclusion, globalisation... Jamais les « questions contemporaines » n'ont été aussi nombreuses et aussi complexes à appréhender. Le pari de la collection « Questions contemporaines » est d'offrir un espace de réflexion et de débat à tous ceux, chercheurs, militants ou praticiens, qui osent penser autrement, exprimer des idées neuves et ouvrir de nouvelles pistes à la réflexion collective.

Dernières parutions

José COMBLIN, *Vatican en panne d'évangile*, 2003.
Pierre TURPIN, *La déstabilisation des Etats modernes*, 2003.
Philippe A. BOIRY, *Des « Public-relations » aux relations publiques : la doctrine européenne de Lucien Matrat*, 2003
Patrick BRAIBANT, *La raison démocratique aujourd'hui*, 2003.
David COSANDEY, *La faillite coupable des retraites*, 2003.
Maxime FOERSTER, *La différence des sexes à l'épreuve de la République*, 2003.
Elysée SARIN, *Introduction conceptuelle à la science des organisations*, 2003.
Philippe ARQUÈS, *Le harcèlement dans l'enseignement*, 2003.
Roger BENJAMIN, *Humanisme et classes sociales*, 2003.
Ezzedine MESTIRI, *Le nouveau consommateur*, 2003.
Elie SADIGH, *Plein emploi, chômage*, 2003.
Bertrand MARTINOT, *L'Euro, une monnaie sans politique ?*, 2003.
Philippe RIVIALE, *Sur la commune*, 2003.
Antony GAUTIER, *Affaire Paul Voise*, 2003.
Pierre FREYBURGER, *Les niqués de la république*, illustrations Véesse, 2003.
Martine CORBIERE, *Le bizutage dans les écoles d'ingénieurs*, 2003.
Robert MAESTRI, *Du particularisme au délire identitaire*, 2003.
Bertrand MOINGEON, *Peut-on former les dirigeants ?*, 2003.

Gilles ANTONOWICZ

EUTHANASIE, L'ALTERNATIVE JUDICIAIRE

L'Harmattan
5-7, rue de l'École
polytechnique
75005 Paris

L'Harmattan Hongrie
Hargita u. 3
1026 Budapest
HONGRIE

L'Harmattan Italia
Via Bava, 37
10214 Torino
ITALIE

Du même auteur

Agressions sexuelles, la réponse judiciaire, Odile Jacob, 2002

L'administrateur ad hoc (ouvrage collectif), Eres, 2002

L'éloquence judiciaire (ouvrage collectif), Litec, 2003

ISBN : 2-7475-5868-1
EAN 9782747558686

"J'ai donné jadis au philosophe Euphratès la permission du suicide. Rien ne semblait plus simple : un homme a le droit de décider à partir de quel moment sa vie cesse d'être utile."

Marguerite Yourcenar, *Mémoires d'Hadrien.*

INTRODUCTION

Chaque individu est-il oui ou non maître de sa vie et de sa mort, peut-il choisir l'heure et les circonstances de son départ ?
La Société doit-elle reconnaître ce droit et, dans certaines circonstances limitativement et précisément définies par la loi, prêter assistance à ceux qui en feraient la demande afin de leur éviter le recours à des méthodes violentes et barbares ?

Si les parlementaires belges et hollandais ont bien voulu s'interroger sur ces questions et y apporter une réponse favorable, le législateur français s'y est toujours refusé, ne s'autorisant même jamais à en débattre.

Trois événements exceptionnels sont venus récemment alimenter le champ de la réflexion sur le délicat sujet de l'euthanasie.

Le premier fut, au printemps 2002, la procédure engagée par l'anglaise Diane Pretty dans le but d'obtenir la reconnaissance de son droit à interrompre volontairement son existence et à disposer des moyens pour y parvenir.

Le second fut, en janvier puis en octobre 2003, le procès de la française Christine Malèvre, cette infirmière de l'hôpital de Mantes-la-Jolie répondant devant la Cour d'Assises de l'assassinat de sept de ses patients atteints de maladies incurables.

Le troisième fut la mort, au mois de septembre 2003, de Vincent Humbert.

Les démarches des uns et des autres étaient totalement différentes. Diane Pretty et Vincent Humbert souhaitaient agir en pleine lumière, dans la transparence. Christine Malèvre avait agi dans l'ombre, dans l'opacité du système hospitalier.
Les trois situations se rejoignaient toutefois pour mettre en évidence les incohérences et les ravages nés de normes légales et juridiques maintenant l'euthanasie au rang d'infraction pénale en l'assimilant au meurtre et à l'assassinat.

C'est au nom de cet amalgame anachronique que Diane Pretty et Vincent Humbert ne pouvaient réaliser ce qu'ils considéraient comme l'ultime expression de leur liberté.
C'est en raison de cette stigmatisation criminelle que Christine Malèvre, privée de toute solution légale susceptible d'accueillir et éventuellement d'entendre les souffrances et les demandes de ses patients, s'était crue autorisée à donner la mort à certains d'entre eux dans l'improvisation, la solitude et le secret.

En refusant d'accéder à la demande de Diane Pretty, les juges de la Cour Européenne renvoyèrent aux législateurs nationaux le soin de procéder à une modification éventuelle de leurs législations respectives.
En condamnant Christine Malèvre, les jurés de Versailles puis de Paris condamnèrent le silence du législateur français.
En contraignant Vincent Humbert, ses proches et ses médecins à agir dans l'inquiétude de l'illégalité, ce silence devint insupportable aux oreilles de tous.

Ce livre veut attirer l'attention sur la dangerosité et la perversité de la situation actuelle, qui, d'une part, porte

atteinte à la liberté individuelle et, d'autre part, génère quotidiennement des euthanasies clandestines.
L'avènement d'une législation propulsant résolument l'euthanasie hors du champ pénal pour la faire entrer dans le monde civil et civilisé est une urgence.

Ce livre entend également rappeler que les tribunaux, palliant la carence du législateur, ont souvent anticipé sur les futures évolutions législatives. Souvenons-nous du procès de Bobigny, qui, en 1972, précipita le vote de la loi Veil sur l'Interruption Volontaire de Grossesse. Aussi se propose-t-il de démontrer que les magistrats disposent d'ores et déjà des moyens juridiques nécessaires pour faire droit à certaines des demandes d'Interruption Volontaire de Vie dont ils pourraient être saisis. Les tribunaux n'ont pas besoin pour cela d'attendre le bon plaisir du législateur.
Aucun obstacle incontournable ne s'oppose à l'apparition de jurisprudences audacieuses qui constitueront le levain de l'indispensable loi à venir.

Chapitre premier

"LA VIE N'APPARTIENT PAS AUX POLITIQUES..."

> *"Parler d'un droit à la vie, cela ne veut rien dire : à l'impossible nul n'est tenu et l'inéluctabilité de la mort empêche à jamais que la vie soit un droit. (...) S'il n'y a pas de droit à la vie, s'il ne peut y en avoir, il y a en revanche (...) un droit, pour chacun, inaliénable, à sa propre mort. (...) Le suicide est un droit parce que la vie - sauf dictature des prêtres- ne saurait être un devoir".*
>
> André Comte-Sponville.

Le dialogue impossible

Les arguments des deux camps sont bien connus et les positions des partisans et des adversaires de la mort choisie paraissent encore à ce jour inconciliables.
L'avis rendu en mars 2000 par le Comité Consultatif National d'Éthique (CCNE) n'a pas vu se concrétiser les espérances qu'il avait nourries. Après trois années de réflexion, ses membres étaient pourtant parvenus à un accord sur un texte concédant une timide ouverture : si le Comité maintenait une opposition de principe à toute idée de dépénalisation, il acceptait néanmoins la notion *"d'exception d'euthanasie"*, prenant en compte l'existence de certaines "situations

limites"[1] ainsi que le respect formel de la demande du patient[2]. Sur le plan pénal, en matière d'homicide volontaire, dans des conditions strictement définies, cette "exception" aurait été considérée comme une nouvelle excuse absolutoire, à l'instar de la légitime défense[3].

Compte tenu de la composition du CCNE, qui rassemble en son sein l'ensemble de nos "familles" philosophiques et spirituelles, certains pensaient que son avis pourrait mettre un terme au dialogue de sourd ayant jusqu'alors prévalu entre les différentes écoles de pensée. Las !... Dans le camp des adversaires de toute évolution, ce fut un tollé. "Pour les Églises, mis à part les réformés, la réponse fut clairement : non à l'exception. *"Du point de vue de la morale catholique, il n'y a pas de place pour une exception d'euthanasie"*, trancha le père J.-L. Brugues. Le recteur Boubakeur, de la Grande Mosquée de Paris, fut tout aussi ferme : *"Une interruption volontaire de la vie contredit le décret divin."* Et le rabbin Gugenheim de rappeler : *"Tout doit être fait pour soulager la souffrance, à condition de ne pas mettre fin à la vie."* Le Conseil de l'Ordre des médecins, par la voix de son Président, le professeur Bernard Glorion, réitéra la condamnation de *"cet acte définitif qu'il nous paraît impossible de légitimer, même exceptionnellement."*[4]

---

[1] Le CCNE prenait notamment pour exemple le cas de personnes *"totalement et définitivement dépendantes de machines pour vivre"* ou *"irrémédiablement privées de capacités relationnelles."*

[2] Le CCNE soulignait la nécessité de *"demandes sincères, déterminées et répétées"* (...) *"de la part d'un patient adulte pleinement conscient et justement informé."*

[3] Cela constituait une évolution importante dans la mesure où, dans un avis précédent daté du 24 juin 1991, le comité avait indiqué *"désapprouver qu'un texte législatif légitime l'acte de donner la mort à un malade"*.

[4] François de Closets, *La Dernière liberté*, Fayard, 2001, page 195. Dans un sondage réalisé le 7/04/2000 par "Impact-Médecin Hebdo", 70 % des

Il fallut se faire une raison : nous n'aurions pas le privilège d'assister au vote d'une loi ni même à un débat parlementaire sur le sujet. Contrairement à de nombreux pays européens[5] et démocraties plus lointaines[6], la France se refusait à en discuter.

Le monde politique, si empressé pourtant à donner son sentiment sur les questions les plus futiles, ne s'est jamais bousculé pour exprimer sa position sur l'euthanasie, à l'exception notable de l'un de ses représentants, qualifié "d'atypique" : Bernard Kouchner. Participant à un colloque organisé à l'Assemblée Nationale le 25 janvier 2002 sur le thème *"21° siècle, vers quelle fin de vie ?"*, celui qui était encore à l'époque ministre du gouvernement Jospin délégué à la Santé devait notamment déclarer : *"la décision de changer la loi est une grave décision mais elle s'impose (...). Notre pays est retardé sur ces sujets (...). Les gens veulent décider eux-mêmes, c'est une liberté suprême qu'on devrait pouvoir leur accorder".*
Quelques semaines plus tard, enfonçant le clou à la veille de quitter ses fonctions ministérielles, il ajoutait : *"il n'est plus acceptable qu'au nom de leur illégalité, des actes que je qualifie "d'extrême compassion" ou de "dignité retrouvée" se perpétuent dans la solitude, le secret et la clandestinité."*[7]
Bernard Kouchner abandonna son ministère en laissant entre

---

médecins se déclaraient pourtant partisans de la reconnaissance de cette exception.

[5] Les Pays-Bas ont définitivement adopté le 10/04/2001 une loi autorisant le recours à l'euthanasie. La Belgique a fait de même en mai 2002. En 1996, l'Espagne a ramené de vingt à trois ans de prison la peine pour euthanasie. L'aide au suicide est tolérée au Danemark et n'est plus considérée comme un délit en Suisse.

[6] L'État d'Australie-du-Sud a admis l'administration d'antalgiques pouvant hâter le décès des malades en phase terminale depuis le 30/11/1995. Aux États-Unis, l'État de l'Oregon a adopté une législation autorisant le suicide médicalement assisté en 1997.

[7] *Le Monde*, 17/04/2002.

les mains de son successeur, Jean-François Mattei, un texte intitulé *"Éléments de réflexions à l'usage de ceux qui sont confrontés à une situation de fin de vie"*, dans lequel on pouvait lire notamment :

> *"Au cours de l'accompagnement d'un patient, tout au long de sa vie et jusqu'à ses derniers instants, la question peut être posée,* ***y compris par lui****, de l'arrêt, du retrait ou de la non mise en oeuvre de traitements vitaux, même si une telle décision est susceptible de hâter la mort. Chez d'autres, le soulagement des souffrances peut conduire à* ***rapprocher l'échéance de la mort.*** *La finalité palliative ne doit pas occulter ses conséquences éventuelles sur la fin de vie. Dans l'ensemble des cas, mais dans ces cas seulement, nous proposons que soit considérée possible la non-prolongation de la vie si les sept précautions suivantes sont respectées :*
> *1. La volonté de la personne malade doit toujours être* ***recherchée et respectée****.*
> *2.* ***Si celle-ci n'est pas connue et ne peut pas l'être, la décision doit associer la personne de confiance qu'elle aura désignée*** *ou, à défaut, ses proches. Elle prendra en compte la singularité de la personne concernée, sa personnalité, ses convictions philosophiques et religieuses.*
> *3. La décision ne peut être que collective. Elle ne saurait être une décision individuelle.*
> *4. La décision ne peut être prise dans l'urgence.*
> *5. Elle doit respecter le temps d'une véritable délibération visant à clarifier les intentions de chacun.*
> *6. Le médecin doit assumer lui-même la réalisation et les conséquences de sa décision.*
> *7. Les éléments permettant de savoir que la délibération a eu lieu doivent être inscrits dans le dossier du malade."*

En résumé, largement de quoi servir de base à une discussion parlementaire ...
Ce document, pourtant qualifié de "consensuel"[8] lors de sa diffusion publique, n'eût malheureusement aucune suite.
À son arrivée au ministère de la Santé, Jean-François Mattei referma brutalement le dossier. N'avait-il pas, en son temps,

---

[8] *Le Monde*, 18/04/2002.

déjà qualifié la légalisation de l'euthanasie aux Pays-Bas de *"mauvaise réponse à de réelles questions"*[9] ? Affirmant dès son entrée en fonction son "opposition farouche" à l'euthanasie et son refus de voir le législateur saisi de cette question, il renoua avec l'omerta traditionnelle un instant ébranlée par son prédécesseur.

Aucun projet de loi d'origine gouvernementale n'est en effet jamais venu poser la question de l'euthanasie à l'Assemblée Nationale. Et les rares propositions émanant de parlementaires n'ont jamais l'honneur de figurer à l'ordre du jour[10].

Il est tout de même étonnant de constater que le (théorique) "grand rendez-vous" de notre vie démocratique, l'élection présidentielle, se refuse à aborder franchement cette question de société pourtant fondamentale. Aucun des candidats n'a jamais paru souhaiter en faire un thème de campagne. En d'autres temps, on vit cependant des hommes politiques ne pas hésiter à faire de la lutte contre la peine de mort, ou pour le droit à l'avortement, leur cheval de bataille. Sur l'euthanasie, silence.

Lors des dernières élections, l'Association pour le Droit à Mourir dans la Dignité (ADMD)[11], comme à son habitude, fit parvenir une lettre aux seize postulants pour les prier de bien vouloir faire connaître leur position. Ceux qui prirent la peine de répondre le firent très confidentiellement, sans manifester le moins du monde le désir de donner à leur position une quelconque résonance médiatique[12].

---

[9] *Le Monde*, 13/04/2001.

[10] Cf. en Annexes les propositions de loi établies en 1997, 2002 et 2003. Roger Quillot, l'un des signataires de la proposition de loi établie en 1997 par une vingtaine de sénateurs, ancien ministre, n'eut pour lui-même d'autre choix que de recourir aux aléas d'un suicide en compagnie de son épouse dont cette dernière réchappa contre sa volonté.

[11] Association pour le Droit de Mourir dans la Dignité, 50 rue de Chabrol, 75010 Paris.

[12] Corinne Lepage, Christine Taubira, Olivier Besancenot et Noël Mamère se déclarèrent favorable au vote d'une loi sur le sujet. Jacques

"L'euthanasie n'a pas droit de cité en France, constatait François de Closets. *Le débat est interdit, le mot lui-même est imprononçable. Dans euthanasie, il y a nazi, ne l'oublions pas. (...) Peu importe l'absurdité de l'amalgame, il revient en permanence. Terrorisme efficace."*[13]

Mais les faits sont têtus et se chargent de ramener périodiquement la question de l'euthanasie dans le cercle de l'actualité. Nous avons alors généralement droit à une apparence de débat public selon un scénario parfaitement bien rodé ainsi décrit par François de Closets : *"Les journaux annoncent une vaste réflexion sur "le droit à la mort", les journalistes partent consulter les oracles. Ils rappellent les positions des grandes institutions, enquêtent dans un service de soins palliatifs, sollicitent quelques mandarins médiatiques, un philosophe de renom, un théologien de service, un ancien ministre, le secrétaire d'État à la Santé puis, pour "équilibrer" l'échantillon, ils ajoutent un partisan de l'euthanasie. Le compte y est, il ne reste plus qu'à ramasser les copies et publier les résultats. C'est ainsi que les Français apprendront, une fois de plus, qu'il ne faut surtout pas légiférer, donc éviter tout débat au Parlement, oublier ce faux sujet et passer à autre chose. Fermez le ban,*

Chirac, Robert Hue, François Bayrou, Arlette Laguiller, Lionel Jospin, Jean-Marie Le Pen et Christine Boutin s'y déclarèrent hostiles. Quant à Alain Madelin, il indiqua simplement être favorable à une saisine du parlement sans préciser sa position personnelle.

[13] François de Closets, *La Dernière liberté*, op. cit. Amalgame d'autant plus absurde qu'étymologiquement "euthanasie" vient du grec *"eu"*, bien, et *"thanatos"*, mort, et signifie donc, mort douce et sans souffrance. C'est *"la mort adoucie"*, écrivait Maurice Garçon, *"c'est-à-dire l'apaisement de l'angoisse qui marque le passage du connu à l'inconnu, l'atténuation de la douleur si insupportable qu'elle fait préférer le néant à l'existence, la suppression du désarroi moral qui enlève toute espérance"*. Raymond Charles, *Peut-on admettre l'euthanasie ?*, Éditions Enseignement et perfectionnement technique, 1955, préface de Maurice Garçon.

circulez, il n'y a rien à voir, rien à faire, rien à dire."[14]

De fait, il a longtemps semblé vain d'espérer l'avènement d'un dialogue sérieux et constructif. Les forces s'opposant à ce qu'il soit légiféré sur la question sont très puissantes et leur hostilité parfois si vive qu'elle frise l'intolérance. Arguments d'autorité, postulats arbitraires et généralisations abusives coupent habituellement court aux tentatives de discussion sur un sujet touchant pourtant aux libertés individuelles.

S'il n'y avait qu'un seul argument à retenir dans cette querelle, ce serait d'ailleurs celui-là : les "partisans"[15] d'une dépénalisation de l'euthanasie revendiquent une liberté pour eux-mêmes dont ils n'entendent imposer l'usage à personne. Leur respect est total envers ceux qui n'entendent pas revendiquer la possibilité éventuelle d'exercer un jour ce droit, pour des motifs philosophiques, religieux, ou tout simplement parce qu'ils n'y ont pas réfléchi. Personne n'a jamais été contraint d'utiliser des contraceptifs du fait de la loi Neuwirth ni de recourir à l'avortement en raison de la loi Veil.

Cependant, aujourd'hui encore, par les pressions qu'ils exercent, les adversaires de la mort choisie refusent à ceux qui le souhaiteraient la liberté d'y avoir éventuellement recours, ce qui constitue une entrave à la liberté de pensée et de conscience de leurs concitoyens. Les premiers, qui s'opposent à l'euthanasie au prétexte que la vie est une réalité transcendante ne pouvant être laissée à la libre disposition de l'homme, seraient bien inspirés de réserver ce principe à leur usage personnel en cessant de vouloir l'imposer aux seconds, qui ont bien la liberté de penser que mourir dans la dignité implique un droit qui doit être reconnu à qui en fait la demande.

---

[14] François de Closets, *La Dernière liberté*, op.cit, page 70.

[15] Il n'y a naturellement pas, à proprement parler, de "partisans de l'euthanasie". Comme en matière d'avortement, dans l'esprit de tous, cette pratique ne peut constituer qu'un ultime recours.

De ce point de vue, c'est à juste titre que l'auteur du texte de loi ayant conduit à la dépénalisation de l'euthanasie en Belgique, évoquant au cours des débats le *"refus radical"* de ceux qui s'opposaient à son projet, parlait à ce propos de *"distorsion démocratique"*[16] puisque ses adversaires prétendaient continuer à imposer leur propre vision éthique à l'exclusion de toute autre.
Cette situation est d'autant plus choquante que toutes les enquêtes d'opinion démontrent qu'une écrasante majorité de français est favorable au vote d'une loi dépénalisant l'euthanasie[17].

Ceux qui refusent toute législation et toute légalisation se placent, au mieux sur le terrain d'une éthique prétendument humaniste, au pire sur celui de leurs convictions religieuses, mais en toutes hypothèses jamais sur celui du droit. Conduire une réflexion juridique en postulant que la vie ne nous appartiendrait pas, que nous n'en serions pas les propriétaires mais simplement les dépositaires et qu'il nous serait, par conséquent, interdit d'envisager de maîtriser l'heure et le jour de notre mort, n'a rien à voir avec le Droit tel qu'on peut le concevoir dans une société laïque. Le Droit n'a pas vocation à faire de la métaphysique. Son but est social. Sa fonction consiste à régler les rapports des individus avec les autres et non les rapports des individus avec eux-mêmes. Libre donc à ceux qui ont foi en certains principes religieux et moraux[18] de vivre leurs convictions jusqu'à l'ultime seconde et de résister

---

[16] Roger Lallemand, in *Courrier international*, n° 590, février 2002.

[17] La stabilité des réponses au fil des ans est d'ailleurs remarquable. À la question : *"Dans le cas d'un patient atteint d'une maladie incurable, souffrant de douleurs insupportables et qui en fait expressément la demande, êtes-vous favorable à l'euthanasie ?"*, 84 % des français répondent favorablement (enquête CSA du 5/06/2002). Ils étaient 85 % en 1987, 84 % en 1997 et 86 % en 2001 (enquêtes SOFRES).

[18] Léo Ferré disait : *"ce qu'il y a d'embêtant dans la morale, c'est que c'est toujours la morale des autres."*

à la mort autant que la science le leur permettra. Mais, de grâce, qu'ils n'empêchent pas les autres d'envisager leur fin de vie de manière différente.
Quant à ceux, nombreux dans le corps médical[19], qui s'opposent à toute législation en ce domaine en soutenant que, chaque cas étant un cas d'espèce, il n'y aurait pas de législation possible, qu'ils admettent le caractère limité de leur raisonnement : si chaque cas est un cas d'espèce, il devrait donc être possible, dans certain cas, de recourir à l'euthanasie. Or c'est impossible puisque la loi ne l'autorise pas (sauf à agir de manière clandestine avec tous les risques de dérapage que cela comporte). Conclusion : tous les cas sont peut-être des cas d'espèce, mais en refusant la mise en oeuvre officielle et transparente de certaines solutions, on ne saurait soutenir être en mesure d'apporter à "chaque cas d'espèce" la solution qui lui convient.

Quand les individus s'en mêlent...

Il y a quelques années, le journaliste Jean-Dominique Bauby était frappé du "Locked-in syndrome" : paralysé de la tête aux pieds, il se retrouvait *"enfermé à l'intérieur de lui-même"*, l'esprit intact, avec les battements de sa paupière gauche pour seul et unique moyen de communication. C'est dans cette situation qu'il écrivait en 1996 un livre magnifique, plein d'humour et de joie de vivre, intitulé *Le scaphandre et le papillon*. Jean-Dominique Bauby devait décéder "de mort naturelle" quelques mois plus tard, en mars 1997. Durant cette période de souffrance, il n'avait jamais manifesté le

---

[19] Cf., à titre d'exemple, la position du professeur Jean Bernard exprimée dans son ouvrage, *Vieillir*. Calmann-Lévy, 2001 : *"L'euthanasie est le type même de modèle où il faut éviter de légiférer. Chaque cas est particulier."*

souhait de mourir avant son heure et personne n'avait naturellement jamais songé à ne pas respecter son choix.
Que se serait-il en revanche passé s'il avait souhaité mettre fin à ses jours de manière anticipée ? Aurait-il eu la chance de tomber sur une équipe médicale compatissante ? Dans la négative, de quel moyen aurait-il disposé pour imposer sa volonté ?
La réponse à ces questions fut apportée par le ministre de la Santé, Jean-François Mattei, dans des circonstances tragiques. Vincent Humbert, jeune pompier de 21 ans devenu tétraplégique, aveugle et muet à la suite d'un accident de la circulation, adressa le 25 novembre 2002 un courrier au Président de la République. *"Vous êtes ma dernière chance"* lui écrivait-il après avoir décrit son calvaire quotidien. Nourri par intubation, les paupières recouvertes de coquilles pour éviter le dessèchement de ses yeux, ne pouvant plus s'exprimer qu'à l'aide de son pouce, ce jeune homme demandait au Président de lui reconnaître le droit de mourir. Le service de presse de l'Elysée indiqua que monsieur Chirac avait pris connaissance de cette lettre avec beaucoup d'émotion et qu'il y répondrait de manière confidentielle[20]. Interrogé, Jean-François Mattei se montra plus précis, rappelant en cette occasion que *"donner délibérément la mort demeurait un acte illégal." "L'autoriser ouvrirait la voie à des dérives et des abus qui mettraient en danger les fondements même de notre société"*, ajouta-t-il sans préciser la nature de ces éventuelles dérives et de ces potentiels abus. En conséquence, concluait-il, *"il ne faut pas céder, (...) il y a d'autres jeunes dans ce cas, il ne faut pas s'avancer sur ces terrains-là et savoir fixer des limites (...). Il y a d'autres réponses que la mort. Il faut améliorer la qualité de vie de ce*

---

[20] La lettre de Monsieur Chirac fut publiée dans le livre de Vincent Humbert, *Je vous demande le droit de mourir*, Michel Lafon, 2003. Jacques Chirac écrivait notamment : *"Je ne puis vous apporter ce que vous demandez, car le Président n'a pas ce droit."* Effectivement.

jeune homme, prendre en charge son état dépressif et psychologique."[21]
Ainsi, en l'absence de loi reconnaissant sans ambiguïté la primauté des instructions données par le malade et la possibilité de recourir à une euthanasie active pour des motifs légitimes, Jean-François Mattei démontrait clairement que l'enfer décrit en 1971 par Dalton Trumbo dans son film *Johnny got his gun*[22] ne se cantonnait pas à l'univers du cinéma.
Grièvement blessé par un obus durant la première guerre mondiale, Johnny, un jeune soldat américain, se retrouve sur un lit d'hôpital, sans bras ni jambes ni visage, sourd, aveugle et muet. Considéré par les médecins qui l'entourent comme "décervelé", il a pourtant conservé toute sa conscience et parvient, en morse, cognant sa tête contre le montant de son lit, à entrer en contact avec une infirmière. Johnny réclame alors le droit de mourir, martelant frénétiquement à l'aide de son crâne : *"Tuez-moi ! Tuez-moi ! SOS, au secours ! SOS, au secours ! Tuez-moi ! Tuez-moi !"*, ce qui lui sera refusé par le médecin chef (pour des raisons éthiques, par curiosité scientifique ou pour éviter tout risque de dérive ou d'abus, l'histoire ne le dit pas).
La mère de Vincent, Marie Humbert, refusa d'abandonner son enfant à un tel sort. Le 24 septembre 2003, elle injecta à son fils une substance barbiturique qui le plongea dans le coma. Devant tant de détermination, l'équipe médicale du centre héliomarin de Berck eut l'humanité de ne pas chercher à le réanimer et prit l'initiative de débrancher le respirateur artificiel mis en place pour le maintenir en vie. *"On aurait pu dire qu'il avait fait une complication, un arrêt cardiaque,* déclara le chef du service. *On sait très bien mentir, on le fait régulièrement et on aurait pu continuer dans cette traditionnelle hypocrisie. Mais là, il valait mieux dire la*

---

[21] *Le Monde*, 19/12/2002

[22] Traduit en français sous le titre de *Johnny s'en va-t-en guerre.*

vérité. Alors on l'a dite et on l'assume." Ainsi Vincent put-il enfin, trois années jour pour jour après son accident, trouver *"le repos auquel il avait droit"*, selon l'expression alors utilisée par Bernard Kouchner.
Aussitôt, la presse, comme à l'habitude, annonça le débat sur l'euthanasie "relancé". Le ministre des affaires sociales, François Fillon, proposa un *"débat pour modifier notre législation"* avant de faire marche arrière dès le lendemain. Le premier ministre estima de son côté que la mère de Vincent *"avait commis une faute."*[23] Puis il déclara : *"La vie n'appartient pas aux politiques ..."*
Dans l'esprit de Jean-Pierre Raffarin, cela signifiait qu'il se refusait à envisager de légiférer sur cette question. Jean-François Mattei confirma. Tout en prétendant ne pas vouloir *"fermer le débat, bien au contraire"*, le ministre de la Santé y mit immédiatement un terme en déclarant ne pas *"inscrire la loi comme finalité du dialogue"*, cantonnant la discussion à l'élaboration d'une "charte" sur l'euthanasie qui *"pourrait déboucher sur un guide de bonne pratique où l'on affirmerait de façon claire que l'acharnement thérapeutique n'est pas une bonne solution."*[24]
Devant tant d'audace, ceux qui espéraient discuter se demandèrent s'il ne fallait pas mieux rester silencieux ... Non, décidément, le débat n'aurait pas lieu et monsieur Raffarin avait trouvé la bonne formule : en ce début du XXI° siècle, "la vie n'appartenait pas aux politiques"! Depuis leurs tours d'ivoire, ils demeuraient incapables d'en percevoir les échos.
Mais l'émotion née du décès de Vincent Humbert était trop

---

[23] Même si le Garde des Sceaux, Dominique Perben, demanda au Parquet de *"faire preuve d'une grande humanité dans l'application de la loi"*, la procédure pénale se mit en marche avec tous les éléments traumatisants que cela peut générer en un tel moment : garde à vue de Marie Humbert, autopsie de Vincent, expertise psychiatrique de la mère, auditions des médecins etc.

[24] *Le Monde*, 29/09/2003.

considérable pour que l'on pût en rester là. Le Président de l'Assemblée Nationale, Jean-Louis Debré, annonça la constitution d'une "mission d'information parlementaire sur l'euthanasie", découvrant qu'il appartenait au Parlement *"de s'emparer de toutes les questions de société."*
La vie forçait enfin les portes du Palais-Bourbon.

À l'heure où ces lignes sont écrites, il est naturellement impossible de prévoir ce qu'il adviendra de tout cela. Le débat tant attendu, désormais inévitable, débouchera-t-il sur une loi ? Ou se contentera-t-on une fois encore de vertueuses recommandations ? Compte tenu des fortes résistances exprimées jusqu'ici, il serait déraisonnable d'imaginer qu'une majorité de parlementaires puissent aller, dans la meilleure des hypothèses, au delà des recommandations formulées par la Comité Consultatif National d'Éthique en mars 2000[25]. La reconnaissance de "l'exception d'euthanasie" constituerait certes un progrès important puisqu'elle permettrait d'apporter une réponse favorable à des demandes de mort assistée comme celle formulée par Vincent Humbert. Mais, ne s'adressant qu'à des "situations rarissimes", elle ne saurait concerner l'immense majorité des "grands vieillards, grands malades ou grands infirmes"[26] qui pourraient émettre le souhait d'en bénéficier.
En d'autres termes, quelle que soit l'issue des travaux de la commission parlementaire, le combat pour la reconnaissance de la liberté de chacun à disposer de sa mort ne peut manquer de se poursuivre.

---

[25] Le jour où Jean-Louis Debré annonçait la création d'une commission parlementaire, le Président du Conseil de l'Ordre des médecins déclarait : *"Ce n'est pas le moment de légiférer, surtout dans un moment aussi passionnel."*
[26] Selon la nomenclature utilisée par Jacques Pohier, in *La Mort opportune*, Seuil, 1998.

En Espagne, Ramon Sampredo, pêcheur galicien totalement paralysé à l'âge de 26 ans, ne pouvant bouger que la tête, demeura dans cet état durant près de trente années. En mesure de s'exprimer, il disposait de "capacités relationnelles", ce qui aurait suffi à l'exclure du champ de l'exception d'euthanasie suggérée par le CCNE.
Refusant de continuer à vivre dans ces conditions, il se trouvait toutefois dans l'impossibilité physique de s'ôter la vie sans assistance. Il souhaitait d'autre part défendre la cause de la liberté en médiatisant son cas de sorte qu'il en soit publiquement discuté et débattu. Il se lança alors dans une véritable guérilla juridique pour obtenir le droit de recevoir une aide active à mourir. Par trois fois, les tribunaux espagnols, et notamment la Cour Constitutionnelle, repoussèrent sa demande, se déclarant incompétents. Nullement découragé, il écrivit un livre au titre évocateur, *Lettres de l'enfer,* à l'aide d'une machine actionnée par la bouche. Prenant acte du refus des autorités de modifier la loi, du refus des tribunaux de créer à son profit une jurisprudence courageuse, il organisa son départ avec l'aide de onze amis qui jouèrent chacun un petit rôle dans l'organisation de son décès de manière à ce que la responsabilité, ou plus exactement la revendication, soit collective en cas de poursuites pénales. L'un se procura du cyanure, le second le transporta, le troisième prépara le breuvage, le quatrième lui fournit la paille, etc. Il laissa un testament de quinze pages où il affirmait notamment : *"Je partage avec quelques juges et la majorité de ceux qui aiment la vie et la liberté, l'opinion que vivre est un droit et non une obligation. Néanmoins, j'ai été contraint de faire face à cette situation pitoyable durant 29 ans, 4 mois et plusieurs jours. Je refuse de continuer plus longtemps."* En conclusion, s'adressant à ceux qui avaient rejeté sa demande, avec une pensée sans doute particulière pour les magistrats de la Cour constitutionnelle qui avaient attendu cinq années avant de lui faire connaître leur décision défavorable, il écrivait : *"Ce n'est pas ma conscience qui est*

prise au piège par la difformité de mon corps atrophié et paralysé, elle l'est par la difformité, l'atrophie et la paralysie de vos consciences".
Son suicide, le 12 Janvier 1998, fut intégralement filmé et diffusé à la télévision, créant une vive émotion dans le pays. Pour éviter toutes poursuites, l'aide au suicide étant considérée comme un délit par le code pénal espagnol, plus de 6 000 personnes s'auto-inculpèrent en adressant au juge d'instruction chargé du dossier le message suivant : *"moi aussi, j'ai aidé Ramon Sampredo à mourir".*

En Belgique, Jean-Marie Lorand[27] se trouvait dans une situation comparable. Atteint de la maladie de Charcot[28], il supporta longtemps des crises d'étouffement devenant au fil des ans de plus en plus fréquentes et insupportables. Entièrement paralysé à l'exception de deux doigts de la main droite, il lutta pendant des années afin de disposer des moyens et de l'assistance nécessaires pour mettre fin à ses jours. Si les différentes juridictions saisies ne lui donnèrent pas satisfaction, l'émotion suscitée en Belgique par son combat fut telle que son action contribua à une évolution favorable de la réflexion législative belge en matière d'euthanasie. Par l'intermédiaire d'Internet, Jean-Marie Lorand rencontra un

---

[27] Jean Marie Lorand a raconté son expérience dans deux ouvrages : *Aidez-moi à mourir*, éditions Castells, Bruxelles, 2000, *Ma dernière liberté*, éditions Lebaud-Kiron, Paris, 2001.

[28] La maladie de Charcot ou sclérose latérale amyotrophique (SLA) est la maladie dégénérative la plus grave après celle de Creutzfeldt-Jakob et la plus fréquente après la maladie d'Alzheimer. En France, 9 000 personnes en sont atteintes et l'on dénombre environ 1 500 nouveaux cas par an. (Sources : Association pour la recherche sur la sclérose latérale amyotrophique et autres maladies du motoneurone). Selon un sondage publié en 1998 par le *New England Journal of Medicine*, n° 339, la moitié des malades atteints de cette maladie souhaiteraient pouvoir bénéficier d'une assistance au suicide (cité par François de Closets, *La Dernière liberté*, op.cit.)

médecin, surnommé le docteur "James", qui devait lui fournir le cocktail nécessaire de neuroleptiques pour lui permettre de se suicider sous assistance médicale le 8 juillet 2000.

En Grande-Bretagne, Diane Pretty, 44 ans, mariée depuis 25 ans, mère et grand-mère, atteinte comme Jean-Marie Lorand de la maladie de Charcot la conduisant avec certitude vers une mort douloureuse, nourrie à l'aide d'un tube, aphasique, mais disposant néanmoins de toutes ses facultés mentales et parvenant à communiquer au moyen d'un clavier d'ordinateur, saisit la Haute Cour pour avoir la certitude que son époux Brian ne serait pas poursuivi pour l'avoir aidée à se suicider, ce qu'elle se trouvait dans l'incapacité physique de faire par elle-même. N'ayant pas obtenu satisfaction, elle se rendit avec son époux devant la Cour Européenne des droits de l'homme de Strasbourg. Sa demande fut rejetée[29] le 30 avril 2002, au motif principal qu'il n'apparaissait pas possible pour la Cour *"d'obliger un État à cautionner des actes visant à interrompre la vie"*, ce qui fut interprété par la majorité des commentateurs comme une "prudente"[30] façon d'éluder la difficulté en renvoyant aux législateurs nationaux (et dans le cas présent aux parlementaires britanniques) le soin de procéder éventuellement à une modification de leur législation[31]. Onze jours plus tard, Diane Pretty mourait de

---

[29] Décision de rejet prise à l'unanimité des sept juges (finlandais, britannique, suédois, polonais, luxembourgeois, andorran et moldave) appelés à statuer.

[30] Nombreux furent ceux à stigmatiser l'hypocrisie de cette décision : *"(Diane Pretty) s'est trouvée doublement punie : être malade et être condamnée à le rester. (...) La Cour européenne des droits de l'homme lui a refusé le premier des droits de l'homme. Elle lui a confisqué sa mort. Elle l'a condamné à la prison de la vie."* Daniel Rocher, "La mort confisquée", *La Gazette du Palais*, 19-20/06/2002.

[31] Cf. sur ce point l'analyse d'Alain Garay, in *La Gazette du Palais*, 14-15/08/2002, "Le droit au suicide assisté et la Cour européenne des droits de l'homme : le précédent de la dramatique affaire Pretty", dont la

suffocation au cours d'une crise d'étouffement. Si elle n'était pas parvenue à se soustraire à la fin qu'elle redoutait et refusait, son combat n'en demeurait pas moins exemplaire. Malgré l'échec apparent de sa démarche, la sympathie suscitée par sa détermination et le retentissement de son aventure dans toute l'Europe ont grandement fait progresser la cause pour laquelle elle avait milité.

Dans de nombreux pays du monde, les législations ont évolué favorablement à la suite de procès similaires intentés directement par les personnes concernées ou indirectement par l'intermédiaire de leurs parents ou amis, avec parfois le soutien de leurs médecins. En sollicitant la permission de pratiquer des euthanasies interdites (passives ou actives[32]), les uns et les autres se sont tout d'abord heurtés au refus général des autorités judiciaires de leur pays. L'obstination des demandeurs, l'écho donné par les médias à leur combat, ont ensuite conduit certaines de ces autorités à céder. Ainsi sont apparus les premiers éléments d'une jurisprudence et d'une modification de la déontologie.
Ce fut le cas aux États-Unis pour Nancy Cruzan, âgée de 32 ans, victime en 1982 d'un arrêt cardiaque à la suite d'un accident de voiture et plongée dans un état végétatif persistant. En 1988, après six années de coma, ses parents saisirent la Cour du Missouri qui repoussa leur demande visant à suspendre l'alimentation fournie par sonde gastrique, ce que les médecins se refusaient à faire. La Cour suprême des Etats-Unis devait confirmer cet arrêt. Les parents ne se

---

conclusion est la suivante : *"En faisant preuve de prudence, la Cour n'a pas voulu consacrer une procédure juridique sans poser de garde-fous. Elle laisse ainsi aux législateurs nationaux le soin de prendre acte des demandes exprimées, délibérées et débattues démocratiquement."*

32 Euthanasie active : pratique consistant à administrer une substance ou un mélange de substances (sédatifs à doses massives) provoquant la mort.
Euthanasie passive : pratique de limitation ou d'arrêt des traitements actifs maintenant un malade en vie.

découragèrent pas, déposèrent un nouveau recours et finirent par obtenir gain de cause le 25 Juin 1990. Les sondes furent enlevées et Nancy Cruzan put enfin partir en paix.
De même, le 22 mars 2002, contre l'avis de ses médecins traitants, une ressortissante britannique, mademoiselle B., obtint de la Haute Cour (celle-là même qui quelques semaines auparavant avait refusé d'absoudre par anticipation l'époux de Diane Pretty...) le droit d'exiger le débranchement de l'appareil respiratoire qui la maintenait en vie.
C'est, d'une certaine façon, toujours le cas lorsqu'une Cour d'Assises acquitte en France une personne accusée d'assassinat pour avoir mis un terme par compassion aux souffrances de l'un de ses proches[33] ou le condamne à une peine symbolique[34].
Ces quelques exemples, et la situation française (qui ne tardera pas à devenir dans quelques temps "l'exception française" si nous continuons à camper sur des positions d'un autre âge), invitent ceux qui souhaitent avoir du pouvoir sur leur vie au moment de leur mort, à prendre les choses en main de manière individuelle dans le but de favoriser le règlement ultérieur de cette question sur un plan collectif.

À nous de "démanteler ces barricades argumentaires, ce bric-à-brac d'images pieuses et de masques terrifiants afin d'en arriver à la question cachée, la question à ne jamais poser :

---

[33] Cf. l'acquittement d'Hervé Saltel en septembre 2001 par la Cour d'Assises d'Indre et Loire. Ce jeune homme avait mis un terme aux souffrances de son père atteint d'une maladie incurable en débranchant le respirateur qui le maintenait en vie. *"Un cas d'école où le droit ne pèse pas lourd face à la réalité humaine"* n'avait pu s'empêcher de reconnaître un magistrat. *La Nouvelle République du Centre*, 19/09/2001.

[34] Cf. la condamnation à deux années de prison avec sursis d'Elie Bendayan par la Cour d'Assises du Vaucluse le 17/01/2003. Elie Bendayan avait donné la mort à son épouse atteinte de la maladie d'Alzheimer.

chaque individu est-il oui ou non maître de sa vie et de sa mort, peut-il choisir l'heure et les circonstances de son départ ?"[35]

Une seule solution, la législation

"La France étant un État de droit, je doute que le trait d'union (entre toutes les écoles de pensée) *puisse être trouvé sans que nous fassions l'économie d'un recours au législateur"*, déclarait avec lucidité le professeur Didier Sicard, Président du Comité Consultatif National d'Éthique, au lendemain du décès de Vincent Humbert[36].

Certes. Seule une modification de la loi pourra dire un jour clairement qu'un geste tel que celui commis par Marie Humbert n'a plus à être pénalement qualifié de tentative d'assassinat. Seule une clarification législative pourra définitivement distinguer une euthanasie passive d'une omission de porter secours à une personne en péril. Tant qu'il n'aura pas été légiféré sur ces points, aucune "charte", aucun "guide de bonne conduite" n'aura la force de prévaloir sur les dispositions du Code pénal. Refuser de légiférer sur la question revient donc nécessairement à maintenir les choses en l'état, c'est-à-dire dans le flou, l'ambiguïté et le vide juridique nés de la réglementation d'actes et de comportements de nature compassionnelle par des textes répressifs qui ne leur sont manifestement pas destinés.

L'argument de la "pente glissante", qui consiste à brandir la menace d'un abus toujours possible pour refuser d'envisager toute modification législative, n'est pas recevable. La loi est précisément faite pour cela : autoriser l'euthanasie dans les

---

[35] François de Closets, *op.cit.*, page 25.

[36] *Le Monde,* 28/09/2003.

cas où cette pratique apparaît légitime (comme cela a été fait pour l'avortement) et en prohiber les dérives. Au nom de quelle fatalité décréter le législateur incapable de voter une "bonne" loi en ce domaine ? Nos parlementaires seraient-ils sur ce sujet précis frappés d'une malédiction qui les priverait de la capacité de légiférer utilement ?

Comment, sans toucher à l'absurde, continuer à refuser de réglementer une pratique dénoncée comme dangereuse ?
Chacun sait, y compris les adversaires de toute clarification législative, que les cas d'euthanasie (aussi bien active que passive) existent et sont loin d'être rares[37]. Pis, l'euthanasie est actuellement fréquemment pratiquée en l'absence du consentement des malades et de leur entourage[38].
Pour s'en convaincre, il suffit de porter attention aux différentes affaires qui, périodiquement, viennent mettre en lumière l'hypocrisie générale dans laquelle nous baignons. L'euthanasie en milieu hospitalier est en effet un secret de polichinelle. À Besançon[39], c'est un rapport rédigé par trois

---

[37] Selon l'hebdomadaire médical britannique *The Lancet*, de 1 à 3,4 % des décès en Europe seraient dus à l'administration de médicaments destinés à donner la mort. *Le Monde*, 8/08/2003.

[38] Cf. le point de vue d'Isabelle Marin, pneumocancérologue engagée dans les soins palliatifs : *"Rappelons- le haut et fort, la pratique fréquente et clandestine est sans consentement". Justices*, "L'euthanasie : question éthique, juridique, médicale ou politique ?", Juin 2001, Éditions Dalloz.
Cf. également le point de vue de Paula La Marne, dont le refus de l'euthanasie est pourtant total, évoquant *"ce qu'il faudra bien regarder comme l'un des plus gros scandales de notre société, connu de milliers de soignants, pratiqué dans la plus grande discrétion : le fait de précipiter la mort de malades incurables conscients parce qu'on en a souverainement décidé ainsi entre soignants, sans l'avis du principal intéressé, par ailleurs laissé dans ses souffrances sans traitement sérieux plus souvent qu'on ne le croit." Le Monde*, 1/06/2002.

[39] Cf. le dossier de *"L'Express"* sur le sujet, "Quand la mort déchire un service", n°2693, 13/02/2003.

inspecteurs de la santé publique qui est ainsi venu au mois de mai 2002 alimenter des soupçons “d’accélération de fin de vie” au sein du service de réanimation chirurgicale du CHU. Selon ce rapport, c’est dans une ambiance conflictuelle opposant le corps médical au personnel soignant non médecin que des décisions controversées auraient été prises, sans qu’aucun des acteurs n’ait pu disposer du moindre repère donné par la loi pour déterminer et définir sa position. Pour se justifier, les médecins du service concerné évoquèrent l’impuissance de *“traitements devenus vains, les demandes formulées par les familles des patients, la notion de qualité de vie, [l’insuffisance des places disponibles dans le service*[40] *ainsi que le coût pour la société d’une activité facturée à hauteur de plus de mille Euros la journée.]*”[41]
Tous ces arguments ont leur intérêt, leur poids, leur pertinence, voire leur froide logique économique[42]. Quels qu’ils soient, ne méritent-ils pas d’être appréciés dans de meilleures conditions que lors d’une discussion clandestine dans le fond d’une salle de garde ? De telles décisions ne devraient-elles pas être prises au travers d’une procédure définie par la loi ? Et d’ailleurs, paradoxalement, loin de

---

[40] François de Closets se fait l’écho de ces pratiques dans *La Dernière liberté*, op.cit., page 114 : *“Ainsi,* note-t-il, *la mort volontaire pourrait n’être justifiée ni par la demande du malade, ni par le souhait d’abréger ses souffrances, mais, plus prosaïquement, par le besoin de faire de la place, de “libérer des lits”. Tel est l’ultime aboutissement de l’euthanasie française : la mise à mort par convenance hospitalière”.*

[41] *Le Monde*, 8/05/2002.

[42] Quel système de santé sera en mesure d’assurer un traitement de fin de vie conforme aux dispositions de notre législation en matière de soins palliatifs à l’horizon 2050, où la proportion mondiale de personnes âgées de plus de 60 ans sera de 21 % alors qu’elle n’était que de 8% en 1950 ? En 2050, notre planète en comptera deux milliards contre 600 millions aujourd’hui. L’ONU qualifie ce processus de “pratiquement irréversible” (Cf. intervention de Kofi Annan à Madrid le 8/04/2002 lors de l’ouverture de la 2° assemblée mondiale sur le vieillissement. *Le Monde*, 10/04/2002).

constater une augmentation de cas, n'assisterait-on pas au contraire à une diminution du nombre d'euthanasies pratiquées si ne pouvaient réellement en bénéficier que ceux qui le demanderaient dans le cadre de cette loi ?
L'expérience de l'Oregon, des Pays-Bas et de la Belgique est de nature à rassurer les plus inquiets. Dans aucun de ces pays la légalisation n'a entraîné l'augmentation du nombre de cas et aucun "détournement de procédure" n'y a été constaté[43].

La découverte de pratiques euthanasiques clandestines ne fait généralement qu'aggraver les fantasmes et renforcer les peurs. Toutefois, les procès nés de ces "dérives" ont toujours mis en évidence les ravages provoqués par l'absence de réglementation.
Le procès de Christine Malèvre, l'infirmière de Mantes-la-Jolie répondant de l'accusation d'assassinat de sept malades dont elle avait la charge, fut sans doute aux yeux de certains celui de l'arbitraire hospitalier, pour d'autres celui de la compassion absolue. Mais il ne fut assurément pour personne celui de la mort douce et sereinement consentie. Car les actes commis dans l'urgence et sans concertation par Christine Malèvre, quelle qu'ait été leur éventuelle légitimité, quelle que fut leur possible relation avec les décès constatés, ne peuvent que nous plonger dans un immense malaise. Coupable ou non coupable, responsable ou non de ces morts, Christine Malèvre, en l'absence de loi, en l'absence de procédures mûrement réfléchies et clairement définies, avait agi dans l'improvisation, la solitude et le secret le plus total.
Si ce procès ne fit pas avancer d'un pouce la cause de

---

[43] Alors que le nombre total des décès a cru de 3,5 % au Pays-Bas entre 1995 et 2001, le nombre d'euthanasie ou de suicide médicalement assisté est resté stable (9 700 cas par an). *Le Monde*, 8/08/2003. Dans l'Oregon, les statistiques recensent 9 suicides assistés pour 10 000 décès. Sur ce sujet, cf. "Suicide médicalement assisté : l'exemple de l'Oregon", Charles H. Baron, *Le Monde*, 13/10/2003.

l'euthanasie, il démontra en revanche avec éclat la nécessité d'établir un cadre législatif susceptible de donner au personnel soignant les repères nécessaires pour savoir quelle conduite adopter en présence de patients en fin de vie.
En France, 75 % des décès ont lieu à l'hôpital, dont la moitié en réanimation. Or, l'hôpital est à ce jour un espace où la technique et la science sont reines et les possibilités d'arbitraire considérables. Il est temps d'y faire rentrer la loi. L'euthanasie doit sortir de la clandestinité. Pour révéler son vrai visage, elle doit entrer dans la lumière de la légalité, quitte pour cela et pour d'injustes raisons de communication à y perdre son nom et être remplacée par l'expression "interruption volontaire de vie" (IVV), comme l'interruption volontaire de grossesse (IVG) facilita en son temps l'avènement de la loi sur l'avortement.

Les tribunaux, antichambres du parlement

Comme l'écrivaient Roland Jaccard et Michel Thevoz dans leur "Manifeste pour une mort douce"[44], *"il est temps de passer à l'offensive. Il ne s'agit plus de mendier auprès des médecins une aide en cas de détresse ou de solliciter leur bienveillance, mais d'exiger le respect de nos décisions"*.
Qu'avaient répondu pendant plusieurs mois à Vincent Humbert les médecins et infirmières se trouvant à son chevet lorsqu'il leur demandait en vain de l'aider à mourir ? Qu'ils *"comprenaient très bien sa demande"*. Qu'ils *"pouvaient tous imaginer que sa vie était un calvaire"*, mais qu'aucun d'entre eux ne pouvait *"envisager d'aller jusqu'à participer à son projet."*[45] La loi le leur interdisait. Un juge aurait-il pu

[44] Éditions Grasset, 1992.
[45] *Le Monde*, 26/09/2003.

les y autoriser ?

Placer l'offensive sur le terrain judiciaire, s'engouffrer dans le chemin tracé par Jean-Marie Lorand, Ramon Sampredo ou Diane Pretty en saisissant les tribunaux de demandes d'accès à une mort librement choisie, peut constituer un préambule à une modification législative ou pallier aux insuffisances d'une loi trop restrictive.
En autorisant une réflexion à partir de situations concrètes, loin des débats théoriques, ces procès contribueront à définir les contours de la future loi, puis les conditions de son amélioration.
C'est ainsi que s'est construite la législation hollandaise. Ce sont les magistrats néerlandais qui ont défini progressivement, dans leurs jugements, les règles de "prudence" publiées en 1984 par l'Association royale des médecins des Pays-Bas. Nées de l'analyse, au cas par cas, des conditions dans lesquelles une assistance médicale au suicide pouvait apparaître comme légitime, ces règles ont servi de base à la future loi dépénalisant l'euthanasie. Cette démarche, très pragmatique, collant au réel tout en s'appuyant sur une théorie juridique (l'interprétation très extensive de la notion de "force majeure"), a pu ainsi donner naissance à une législation adaptée aux besoins de la société hollandaise.

En France, faute d'y être confrontés de manière habituelle, les magistrats n'ont à ce jour qu'une connaissance lointaine et une information très imparfaite de ces questions. Dans leur immense majorité, ils ne manqueront pas de rejeter les demandes d'interruption de vie qui leur seront présentées. Cependant, ici ou là, une requête pourra être favorablement accueillie par tel ou tel magistrat faisant preuve d'audace et de courage. Au fil du temps, l'opinion des juges et leur jurisprudence ne manquera pas d'évoluer. Les avancées du droit ont été fréquemment par le passé l'oeuvre des juges avant d'être consacrées par le législateur. Pour réussir à vaincre la politique de l'autruche, la justice a bien souvent joué le rôle du cheval de Troie : on se souvient de l'influence du procès de Bobigny en 1972 sur le vote de la loi Veil légalisant l'avortement sous certaines conditions quelques mois plus tard.

Les moyens juridiques existent pour tenter de faire respecter la volonté du "patient". Et ce, aussi bien dans le cas où, "grand malade, grand infirme ou grand vieillard", il se trouverait par malchance en présence de médecins, qui, par routine ou conviction, n'entendraient pas ses demandes, que dans le cas où, entouré d'une équipe médicale bienveillante, il souhaiterait obtenir le "laissez-passer" judiciaire nécessaire pour atteindre le but poursuivi, sans faire courir à ses éventuels soutiens le risque de subir une sanction.

Dans la première hypothèse, la pire, c'est-à-dire le cas où, de fait, malgré les discours et les mots, l'intéressé se trouve en situation d'acharnement thérapeutique, l'utilisation de la voie judiciaire favorisera l'avènement de l'instant où infirmières et médecins cesseront de s'obstiner "de manière déraisonnable".
L'acharnement thérapeutique n'est pas ce que l'on croit. Il ne prend pas systématiquement des formes aiguës, aveuglantes de cruauté. Il se borne le plus souvent, au quotidien, à épouser des habitudes qui, malgré leur apparente neutralité, n'en sont pas moins intolérables pour celui qui ne demande qu'à mourir.
Ce que le code de déontologie stigmatise sous le terme "d'obstination déraisonnable" répond à une triple logique : une logique médicale générée par le sentiment d'échec ressenti par certains médecins se refusant à ne pas tout tenter pour "sauver" leurs malades, une logique de prudence[46] bien

---

46 *"La crainte des suites judiciaires est forte parmi les soignants (...). Nous avons besoin de recommandations pour sortir de la clandestinité"* admettait le professeur Edouard Ferrand, anesthésiste-réanimateur, dans un entretien au journal *Le Monde* en date du 8/05/2002.

compréhensible, et une logique économique dans la mesure où les budgets sont répartis entre les hôpitaux en fonction d'un système de points[47] favorisant les activités de soins *"qui sont d'autant plus rentables qu'elles sont plus techniques et mettent en oeuvre une logistique plus sophistiquée."*[48]
Les procédures engagées contribueront à lutter contre cette médecine qui se croit parfois dans l'obligation d'administrer des traitements inutiles jusqu'à la dernière seconde pour éviter tout reproche, ou cette médecine aveuglée par son ego et son intérêt propre qui n'en finit pas de perdre de vue sa raison d'être : l'intérêt du patient.

La seconde hypothèse, la plus favorable, celle de la fin de vie bénéficiant de l'écoute de l'environnement médical, permettra de poser les jalons de ce que pourrait être, dans un avenir plus lointain, le sort de ceux qui, comme Roger Quillot, sans se trouver dans une situation critique, ne vivant ni sous la dépendance d'une machine, ni privés de leurs capacités relationnelles, ni même confrontés à des douleurs qualifiées d'insupportables, mais estimant simplement *"avoir fait leur temps"* et aspirant à une mort tranquille à l'issue d'une vie bien remplie, pourront choisir de mourir sans avoir à recourir à des méthodes violentes, transformant ainsi l'inévitable pèlerinage vers le mont Nara en une légère promenade volontaire : *"Chacun pourra donner à sa mort le cadre et le style qui lui conviennent et exprimeront le mieux son destin propre. L'un convoquera toute sa famille, l'autre quelques intimes. On choisira de mourir un soir d'été à la campagne, au coin du feu, l'hiver, en regardant la télévision ou en*

---

[47] Système de codage dit PMSI permettant de recenser les diverses pathologies et actes médicaux accomplis, puis de leur attribuer un certain nombre de points ISA permettant d'évaluer le coût d'une hospitalisation et d'assurer ensuite la répartition des budgets.
[48] Cf. Isabelle Marin, *Justices*, op. cit.

écoutant Bach. "[49]

S'il sera dans cet opuscule question d'acharnement, ce sera d'acharnement à faire respecter les volontés de chacun, en ayant conscience que cette lutte judiciaire, menée pour trouver une solution humaine à des problèmes individuels, contribuera à favoriser une heureuse évolution de la législation.

Il nous appartient de faire de notre mort la dernière manifestation de notre liberté.

---

[49] Michel Landa, écrivain, fondateur de l'ADMD, *Le Monde*, 17/11/1979.

Chapitre 2

LE LÉGISLATEUR EN PROCÈS : L'AFFAIRE MALÈVRE

L'affaire Malèvre fut exemplaire.
Levant le voile sur la réalité des fins de vie en milieu hospitalier, elle constitua le plus terrible des réquisitoires contre le refus de légiférer sur la question de l'euthanasie. Plus que Christine Malèvre, c'est le législateur et son silence qui furent très sévèrement condamnés par les jurés de la Cour d'Assises des Hauts-de-Seine en janvier 2003 et, en appel, par ceux de la Seine au mois d'octobre suivant.

Le dossier[50]

Par courrier du 6 mai 1998, le directeur de l'hôpital de Mantes-la-jolie attirait l'attention du Parquet de Versailles sur le comportement d'une infirmière, Christine Malèvre, soupçonnée *"de pratiques euthanasiques actives sur des patients dont l'état de santé ne laissait aucun doute au demeurant sur l'issue fatale de leur maladie."*
Une enquête fut ouverte, un juge d'instruction désigné, Christine Malèvre mise en examen. Pendant plusieurs mois, le magistrat instructeur examina attentivement les circonstances

---

[50] Toutes les déclarations de Christine Malèvre mentionnées dans ce chapitre sont extraites de son livre, *Mes aveux,* publié aux éditions Fixot, 2000.

dans lesquelles étaient survenus les décès des 198 personnes mortes dans le service de neuro-pneumologie depuis que Christine Malèvre y travaillait.
Statistiquement, les chiffres étaient troublants et poussaient à l'interrogation : en 1996, alors que la présence de cette infirmière dans le service ne s'élevait qu'à 18 % du temps, elle avait assisté à 28 % des décès. En 1997, 60 % des décès avaient eu lieu en sa présence pour une occupation du temps de 13,5 %. En 1998, 54 % des décès pour 20 % du temps. La densité de décès survenus durant son temps de travail était 2,5 à 4 fois supérieure à celle de toutes ses collègues. Comme le souligna un expert, les lois de probabilités ne s'appliquaient pas normalement en sa présence. *"La mort,* déclara-t-il, *c'est aléatoire quand madame Malèvre n'est pas là, cela ne l'est plus lorsqu'elle est là."*

L'enquête conduisit tout d'abord le juge à considérer comme suspects les décès de vingt et une personnes. Au terme de l'instruction, il limita cette appréciation à onze cas. Le défenseur de Christine Malèvre contesta cette analyse. Il affirma que l'accusation ne rapportait pas la preuve du lien de causalité entre les décès et les actes accomplis par l'infirmière, y compris dans les cas où Christine Malèvre avait reconnu un certain degré d'intervention. Comment être en effet certain que tous ces décès aient été effectivement provoqués par elle, alors que tous ces malades se trouvaient dans des situations médicales critiques et que la marge d'erreur liée aux pronostics létaux est, d'une manière générale, reconnue comme considérable[51] ?

---

[51] Une étude portant sur plus de 500 malades (Extent and determinants of error in doctor' prognoses in terminally ill patients : prospective cohort study N. Christakis, E. Lamont *B M J* 2000; 320 : 469-472) a montré que les médecins se trompaient très majoritairement dans leur pronostic en attribuant aux malades cinq fois plus de temps à vivre qu'ils n'en disposent en réalité. Étude citée par Isabelle Marin, dans *Justices*, op. cit.

La Chambre d'Accusation suivit son raisonnement dans quatre cas pour lesquels fut accordé un non-lieu.
C'est donc en définitive pour sept assassinats que Christine Malèvre fut renvoyée devant la Cour d'Assises des Hauts-de-Seine, à Versailles, pour y être jugée.

* * *

Née en 1970, Christine Malèvre a toujours voulu exercer le métier d'infirmière : *"C'était une véritable vocation,* écrit-elle, *je n'en ai jamais dévié. Je ne pensais qu'à cela, me rendre utile et être infirmière un jour."*
À vingt-quatre ans, son voeu se réalise, elle obtient son diplôme d'État. Major de sa promotion, elle est aussitôt recrutée par l'hôpital de Mantes-la-Jolie et rapidement affectée au service de neuro-pneumologie. Ce service comprend vingt-huit lits. Au chevet des malades se relaient quatre médecins, neuf infirmières et quatorze aides-soignantes qui travaillent par roulement : deux infirmières et trois aides-soignantes pour les services du matin et de l'après-midi, une infirmière et deux aides-soignantes pour le service de nuit.
Ce service est reconnu comme très dur pour le personnel. Sans doute *"le service le plus difficile de l'hôpital tant en raison de la nature des pathologies que de la charge de travail, (...) fatiguant physiquement et nerveusement à cause de la fréquence de la confrontation avec la mort."*[52] De fait, le service accueille en Neurologie des pathologies lourdes, handicapantes, des malades comateux. En Pneumologie, la moitié des patients sont atteints de pathologies cancéreuses bronchiques. Les décès y sont nombreux, en moyenne un tous les quatre jours, étant précisé *"que la fin de vie des malades est souvent accompagnée de douleurs physiques et morales*

---

[52] Réquisitoire définitif.

intenses voire d'asphyxies."[53] Les membres de l'équipe paramédicale n'ont reçu aucune formation particulière de nature à les préparer pour affronter de telles situations : *"Pendant mes études,* se souvient Christine Malèvre, *je n'ai eu qu'un seul cours concernant l'accompagnement des mourants, en fin de troisième année."*

En mars 1996, six mois après son entrée dans le service, la jeune infirmière est témoin d'un "fait divers" particulièrement dramatique. Une vieille dame atteinte de la maladie d'Alzheimer, dont le placement en institution apparaît inévitable, est tuée par son époux qui refuse cette perspective. Après avoir tiré une balle dans la tête de sa femme, il retourne l'arme contre lui pour se suicider. L'émotivité de Christine Malèvre lors de ce drame lui sera reprochée. *"Tout le service avait réagi en professionnel,* notera l'accusation, *à l'exception de Christine Malèvre qui se tenait debout dans un coin de la chambre en hurlant..."* Effectivement professionnelle jusqu'au bout, l'équipe soignante avait tenté de réanimer le mari ... Vainement. Certains diront, "mécaniquement".

Christine Malèvre passe pour quelqu'un de très dévoué, proche des malades et de leurs familles, s'impliquant et participant activement à la vie du service. Quelques-uns considèrent toutefois qu'elle en fait curieusement "trop". Elle assiste aux enterrements de plusieurs malades, garde le contact avec les familles des défunts, participe parfois aux toilettes mortuaires, tâche incombant normalement aux seules aides-soignantes. Cet "investissement excessif" paraît suspect. L'intéressée répond que telle est sa conception de ce métier. Elle refuse d'être *"seulement cette silhouette blanche qui passe avec un chariot, délivre des soins techniques et s'en va."* Elle estime normal d'aider *"de temps en temps à faire*

[53] Réquisitoire définitif.

une toilette ou un lit. Je me hérissais, dit-elle, *dès que j'entendais une collègue prétendre qu'elle n'avait pas fait trois ans d'études pour laver un derrière et transporter un bassin. Je n'étais pas très indulgente devant cette manière d'être.* " Ceci a le don d'en exaspérer plus d'un.
Enfin, circonstance aggravante, analysée par beaucoup comme l'expression d'une volonté de puissance et de pouvoir sur les autres, Christine Malèvre vit maritalement avec un handicapé. Elle a rencontré son compagnon en 1995, alors qu'il était soigné à l'hôpital de Mantes pour une sclérose en plaque. Cédric vit en fauteuil roulant. Christine Malèvre s'est néanmoins mise en ménage avec lui au mois de mars 1997.

* * *

De manière constante et réitérée, Christine Malèvre reconnaissait être intervenue activement à trois reprises pour hâter la mort de patients.

Raymond B. était âgé de 64 ans. Atteint d'un cancer du poumon avec métastases cérébrales, il se trouvait toujours en phase de traitement actif, et suivait pour cela des cures de chimio et radiothérapie. Le pronostic à moyen terme le concernant était "réservé".
Il ne souffrait pas physiquement. Aucun antalgique majeur (ni morphine, ni tranxène) ne lui avait été prescrit.
Christine Malèvre affirmait cependant que ses souffrances morales étaient considérables et prétendait, sans en apporter de preuves tangibles, avoir eu de longs échanges avec lui au cours desquels Raymond B. lui aurait demandé de *"l'aider"* quand il serait *"foutu"*.
Le fils du malade contestait ces propos. Il indiquait que son père n'avait jamais exprimé le désir d'en finir, bien au contraire, qu'il se sentait fort et voulait guérir.

Hubert B. avait 75 ans. Également atteint d'un cancer du poumon, il avait subi antérieurement une opération chirurgicale et de multiples cures de chimiothérapie. Il n'existait plus aucun espoir de traitements curatifs. Seuls lui étaient dispensés des traitements contre la douleur (analgésiques, anti-inflammatoires et myorelaxant à doses croissantes : au cours de ses quatre derniers jours de vie, la posologie en morphine avait triplé, passant de six à seize ampoules par 24 heures). L'un des médecins avait noté sur son dossier : *"En cas de problème, ne pas réanimer"*.

Néanmoins, Hubert B. n'était pas considéré comme un malade en fin de vie. L'accusation qualifiait son hospitalisation de "routinière", n'étant motivée que par la nécessité de passer des examens. Si le pronostic à court terme était "réservé", il n'était pas encore "engagé". Hubert B. pouvait s'exprimer. Il disposait de toute sa conscience et vivait apparemment une phase de rémission.

Il avait cependant indiqué à l'un des médecins qu'il ne voulait pas être grabataire, sa femme (elle-même gravement malade) ne pouvant s'occuper de lui.

Christine Malèvre indiquait avoir immédiatement sympathisé avec cet homme hospitalisé à plusieurs reprises dans son service. Elle avait suivi l'évolution de sa maladie durant plusieurs mois. Selon ses dires, un jour, il aurait pris *"un air plus grave et chuchoté : "Christine, promettez-moi que le jour où je serai dans le coma, j'y resterai pas longtemps (...). Si c'est fini, je ne veux pas traîner"*.

Christine Malèvre reconnaissait avoir joué un rôle actif dans son décès sans assumer pleinement la portée de son intervention : *"Je tremble... J'hésite. (...) J'ai accéléré la morphine. Je reste près de lui quelques minutes, toujours en lui tenant la main. Puis je réduis à la normale. Voilà, je l'ai fait. Je lui ai rendu sa liberté. (...) Je l'ai aidé. Du moins je le crois. Je ne suis même pas sûre d'être vraiment responsable. Il s'est peut-être endormi vers six heures du soir au lieu de sept ? Objectivement, je ne sais pas."*

Si tel était vraiment le désir d'Hubert B., force est de constater qu'il ne s'en était entretenu ni avec sa femme, ni avec sa fille. La première déclarait ne pas croire *"qu'il ait demandé à Christine Malèvre de mettre fin à ses jours pour en finir avec les souffrances et avec la vie"*. La seconde estimait que son père avait la capacité de faire encore des projets, qu'il n'était pas résigné. Il venait de changer de voiture et lui avait parlé des travaux de jardinage qu'il comptait faire à son retour.

Patrick H. avait 50 ans. Il souffrait d'un cancer de la gorge avec nécrose de l'oreille gauche. Il était reconnu par tous qu'il pouvait décéder d'un instant à l'autre. Le pronostic vital était engagé. La seule issue était en fait la rupture de sa carotide et sa mort *"dans des circonstances affreuses."*
Elle ne le connaissait pas. Selon ses dires, Patrick H. l'aurait apostrophée dans l'urgence : *"Je veux pas rester là à attendre. Je ne veux pas me dégrader davantage. Je veux partir dignement !"*
Prise de court, elle indiquait s'être trouvée devant le choix suivant : *"Ou il fallait répondre immédiatement à sa demande, ou il fallait le fuir définitivement. L'abandonner à son sort (...). Il n'était pas sous morphine, je ne pouvais pas appuyer sur le bouton de la seringue électrique, augmenter un peu le débit pour le calmer et l'endormir. En me disant comme les autres fois "je ne saurai jamais si c'est moi ou la machine. Je ne saurai jamais de combien de temps j'ai avancé ce départ en douceur". Si je devais prendre une décision, c'était une vraie décision tranchante, claire et technique. (...) La demande était brutale."*
Elle affirmait avoir présumé que Patrick H. était un *"militant de la cause de l'euthanasie"*, considéré cet homme *"peut-être"* comme un membre de l'ADMD, tout en ajoutant n'avoir pas eu connaissance à l'époque de l'existence de cette association. *"Il était mourant; tout le monde, même sa femme attendait une fin qui pouvait survenir à tout moment. Je savais cela. Je savais que personne ne s'en apercevrait (...). J'ouvre la pharmacie, je prends l'ampoule de potassium, une seringue (...). Je suis en train d'agir en cachette comme une*

voleuse. Avec un double sentiment d'urgence et d'indécision. (...) J'ai sorti la seringue de ma poche et il m'a regardée avec un sourire de soulagement indescriptible. (...) J'étais la réponse qu'il attendait (...). Je n'ai rien précipité. J'ai pris le temps de demander peut-être trois ou quatre fois : "Vous êtes sûr ?". Chaque fois il a répété : "Aidez-moi". Alors sans lui lâcher la main, j'ai injecté le potassium dans la perfusion. Juste un léger sursaut et il est parti avec un sourire extraordinaire."

L'épouse de Patrick H. contestait vigoureusement cette version. Durant sa maladie, son mari ne lui avait-il pas déclaré : *"si je suis foutu, il faut me le dire, on prend nos valises et on va faire le tour du monde"* ?

De même, pour l'accusation, ce malade était *"loin d'aspirer à la mort"*. Le Ministère Public en voyait la preuve dans le fait que *"monsieur H. avait tenté, juste avant sa mort, de faire comprendre à sa femme qu'il voulait un baume pour les lèvres et un produit pour les dents"*.

En ce qui concernait **Jacques G.**, la présentation faite par Christine Malèvre des mobiles de son intervention était autre. Si elle reconnaissait avoir augmenté les doses de calmants, c'était simplement, disait-elle, pour apaiser ses douleurs.

Jacques G., 71 ans, victime d'un accident vasculaire cérébral massif aux séquelles très lourdes, était arrivé à l'hôpital de Mantes, aphasique et hémiplégique. Il souffrait en outre d'une pneumonie de déglutition. Les médecins lui accordaient tout au plus deux à trois semaines de survie. Toutes ces pathologies n'empêchaient cependant pas ce malade d'avoir conscience de son état.

Christine Malèvre n'eût jamais la possibilité de s'entretenir avec lui. La souffrance morale du malade était néanmoins évidente pour tous. Son épouse l'avait vu à plusieurs reprises pleurer d'énervement faute de pouvoir accomplir certains gestes élémentaires.

Pour calmer ses souffrances morales, Jacques G. bénéficiait de l'administration d'anxiolytiques. Il tentait parfois de

s'exprimer à l'aide de sa main gauche.
Un jour, au cours de son service, Christine Malèvre l'avait vu *"les yeux plein de larmes, porter sa main valide à son cou, comme pour tenter de s'étrangler (...). Elle était crispée, volontaire, cette main, un véritable geste de mort s'il avait pu."* Elle disait avoir interprété ce geste comme un appel, un signal, une prière. Ce que l'épouse de Jacques G. se refusait à imaginer *"au regard de la profondeur de l'engagement catholique"* de son mari.
À deux reprises, Christine Malèvre avait pris contact avec le médecin traitant pour obtenir l'autorisation d'avancer l'heure d'administration des calmants dispensés au malade. Elle s'était heurtée à un refus, avait passé outre et doublé la dose. *"J'aurais pu n'en rien faire,* reconnut-elle, *attendre l'heure de la prise du calmant, respecter la dose, lui attacher les mains et m'en aller."*
C'est ce décès qui avait déclenché toute l'affaire.

Dans deux autres cas, Christine Malèvre contestait absolument avoir jamais joué le moindre rôle.
Elle niait avoir aidé à mourir **Denise M.,** âgée de 48 ans, atteinte d'un cancer du poumon, inopérable, réfractaire à la chimiothérapie qui provoquait chez cette malade des crises d'épilepsie et la plongeait dans un état confusionnel aigu. Les médecins lui accordaient néanmoins une survie minimale de six mois et chacun avait été surpris par la rapidité avec laquelle cette patiente devait décéder. L'accusation trouvait suspect le temps que l'infirmière lui avait consacré ainsi que le fait d'avoir pris l'initiative d'isoler cette malade en la faisant passer, lors d'une crise de convulsion, d'une chambre double à une chambre simple.
Christine Malèvre niait également toute responsabilité dans le décès de **Patrice C.**, 30 ans, atteint d'un cancer du poumon avec métastases cérébrales, pleurales, hépatiques et ganglionnaires.
Les souffrances endurées par ce malade étaient très importantes, générant l'administration d'analgésiques

(morphine) à des doses croissantes. La thérapie le concernant n'avait plus que des visées palliatives. Le pronostic vital à court terme était engagé. Le jour de son décès, il se trouvait dans le coma. Christine Malèvre était présente à ses côtés alors que ce malade ne faisait pas partie de son secteur. Les témoignages de ses collègues de travail stigmatisaient son *"attitude inhabituelle face au décès de ce patient".* Les magistrats de la Chambre d'Accusation avaient trouvé ces éléments suffisants pour que Christine Malèvre ait à en répondre devant la Cour d'Assises.

Dans un dernier cas enfin, Christine Malèvre affirmait que le décès, si elle en portait la responsabilité, était d'origine totalement accidentelle, faisant suite à une erreur de sa part dans la manipulation d'une seringue.

Dominique K., âgé de 47 ans, souffrait lui aussi d'un cancer du poumon avec métastases diffuses. Il n'y avait manifestement plus de traitements curatifs possibles et il se trouvait en phase de thérapie palliative. Ses douleurs étaient vives. Il était placé sous morphine, injectée par une seringue électrique.

Prenant l'initiative d'injecter à ce patient un "bonus" de morphine de deux millilitres, Christine Malèvre affirmait s'être heurtée à un "problème technique". Le piston de la seringue se serait bloqué. En appuyant fortement dessus, elle aurait accidentellement provoqué un surdosage. Elle avait alors cherché à dissimuler son erreur de manipulation en mettant de l'eau dans la seringue vide à la place de la morphine. Une reconstitution de la scène avec le matériel utilisé ce jour-là n'avait pas permis de juger cette explication convaincante.

Dominique K. était mort. Quelques jours plus tard, une collègue de Christine Malèvre n'avait pu s'empêcher d'exprimer ses doutes. Dans une lettre qu'elle lui avait remise en main propre, cette infirmière écrivait à Christine Malèvre que personne n'avait *"le droit de voler la mort des gens".* Elle ajoutait être à sa disposition pour en "parler". Christine Malèvre n'avait pas donné suite, prétextant le *"manque de solidarité*" dont cette collègue aurait fait preuve à son égard dans un conflit interne l'ayant auparavant opposée à certains membres de l'équipe de nuit.

Telles étaient les situations que la Cour et les jurés avaient à juger.
À Versailles comme à Paris, Christine Malèvre fut déclarée coupable de six assassinats[54]. La Cour d'Assises des Hauts-de-Seine prononça une peine de dix années d'emprisonnement. En appel, celle de la Seine porta cette condamnation à douze années.

Le vrai procès

La grande solitude des soignants

À l'hôpital de Mantes-la-Jolie, deux réunions hebdomadaires rassemblaient médecins, infirmières et aides soignantes du service de neuro-pneumologie pour apprécier les douloureuses situations auxquelles les uns et les autres se trouvaient confrontés.
Selon l'accusation, chacun pouvait y faire part *"très librement de ses constatations"*. Il n'existait pas de *"barrières hiérarchiques"* et le contact entre les équipes médicales et para-médicales était *"facile"*.
Oh certes, à Mantes-la-jolie comme ailleurs, chacun disposait sans doute de la possibilité théorique de parler *"très librement de ses constatations"*... Mais combien étaient-ils à user réellement de cette opportunité ? Et, à supposer ce droit d'expression utilisé, qu'en était-il retenu ? Quelle était la part de ces *"constatations librement exprimées"* dans les décisions

---

[54] Christine Malèvre fut acquittée pour le décès de Denise M.

finalement prises au sujet des malades ? Sauf à jouer les Candide, comment nier le rôle essentiel des chefs de service, du cadre infirmier, comment gommer les relations hiérarchiques, les enjeux de pouvoir, les rapports de séduction, les convictions affichées des uns, la timidité des autres ?
Comment, dans le cas particulier de Mantes-la-Jolie, parler de sérénité au sein d'un service dont l'un des médecins-chef reconnaissait au cours de l'instruction *"l'ambiance détériorée"*, mentionnant l'existence de conflits au point d'amener l'un de ses collègues à brandir la menace d'une démission faute de se considérer comme *"suffisamment respecté" ?* Comment prétendre à l'absence de barrière hiérarchique lorsqu'un témoin, entendu à l'audience, qualifiait l'infirmière-chef de *"paillasson pour les médecins, incapable de prendre une décision"* ?

Le procès de Versailles mit en évidence l'insuffisance et les limites des lieux d'expression réservés au personnel soignant. Ces réunions n'étaient nullement parvenues à gommer la solitude des uns et des autres. Elles n'avaient absolument pas rempli le rôle que l'on pouvait en attendre. Car enfin, quelle que soit la responsabilité effective de Christine Malèvre dans les morts qui lui étaient reprochées, des questions ne pouvaient manquer de se poser sur son comportement ainsi que sur la manière dont certains décès avaient pu advenir dans le service. Or, en l'espace de trois années, à raison de deux réunions par semaine, personne, du chef de service à l'aide soignante en passant par le cadre infirmier, ne s'était aperçu de rien. Si certains avaient éventuellement pu s'interroger en leur for intérieur, ils n'avaient en tout cas jamais osé évoquer publiquement les questions qui pouvaient être les leurs. Pas même l'infirmière qui, suite au décès de Dominique K. avait écrit directement à Christine Malèvre pour lui dire que personne n'avait *"le droit de voler la mort des gens."*
Ce silence d'alors n'empêcha nullement de nombreux membres de l'équipe soignante de venir narrer après coup

dans leurs témoignages les multiples soupçons qu'ils avaient nourris dès le début de l'année 1996, lorsque trois décès étaient survenus le même jour en présence de Christine Malèvre. Personne n'avait cependant exprimé publiquement la moindre réserve à cet instant, ni durant les deux années qui suivirent. Pourquoi ? Parce que la parole, sur ce point, leur était interdite.

En l'absence d'une législation autorisant clairement la possibilité d'un recours à l'euthanasie, ces lieux d'expression ne peuvent briser l'isolement des membres du personnel soignant. Tant qu'une telle éventualité ne sera pas reconnue, certaines opinions ne pourront être exprimées, ni certaines décisions envisagées.
À ce jour, la loi n'autorise aucune procédure pour favoriser l'émergence de questions qui, compte tenu de l'état de certains malades, mériteraient cependant d'être posées. Évoquant ces réunions bi-hebdomadaires, le médecin-chef de service de Mantes-la-Jolie indiquait au juge d'instruction que, *"la question de supprimer la vie de quelqu'un pour abréger ses souffrances ne s'était jamais posée." "On n'en a même jamais parlé",* devait-il ajouter à la barre. Comment aurait-il pu en être autrement ? Et comment, dans le même temps, ne pas voir dans ce silence imposé une grave carence ? Il est bien évident pourtant, que dans un service accueillant des malades en fin de vie et enregistrant en moyenne deux décès par semaine, la *"question de supprimer la vie de quelqu'un pour abréger ses souffrances"* ne pouvait manquer de se poser et qu'il eût été préférable, pour les malades concernés et le personnel soignant, qu'une telle question pût être évoquée.

Par ailleurs, à supposer même que chacun ait pu s'exprimer de manière totalement libre au cours de ces réunions, qu'à leur issue des décisions collectives aient été prises au sujet des patients, une circonstance serait toujours venue en réduire l'impact et l'efficacité. Dans cette assemblée, personne n'était en effet habilité à "porter la parole" des malades et de leurs

familles. Aucun moyen n'était mis à disposition des patients ou de leurs représentants pour exprimer leurs souhaits.
Depuis bientôt quarante années, dans le moindre conseil de classe de tout collège de France, la loi impose la présence de délégués des parents, de représentants des élèves. Le corps enseignant ne saurait prendre de décisions sans recueillir leurs avis. Tout le monde trouve cela normal, pour ne pas dire évident. Rien de tel n'existe pour organiser la prise de parole des malades et de leurs proches auprès du corps médical[55].

La volonté du malade, cette inconnue...

Selon les uns, le service de neuro-pneumologie de l'Hôpital de Mantes-la-Jolie prenait particulièrement en compte les soins aux personnes en fin de vie et portait une vive attention au traitement de la douleur. Les infirmières, médecins et aides-soignantes membres du service l'affirmaient, à l'exception naturellement de Christine Malèvre. Cela n'avait rien d'étonnant. Pouvait-on s'attendre de leur part à un discours différent ? Imagine-t-on un membre de l'équipe médicale ou para-médicale soutenir l'inverse et venir dire qu'il exerçait son métier sans tenir compte des souffrances des malades dont il

---

[55] Il est de ce point de vue très significatif de constater que, dans les pays où l'euthanasie bénéficie d'une législation souple, le dialogue entre malades et médecins est beaucoup plus développé que dans les pays disposant d'une législation répressive. Ainsi, selon *The Lancet*, les discussions entre malades capables de s'exprimer et leurs médecins sur les traitements médicaux de fin de vie ont lieu dans 92 % des cas au Pays-Bas et dans 78 % des cas en Suisse. Ces pourcentages tombent à 38 % en Suède et à 42 % en Italie.
Pour les patients hors d'état d'exprimer leur volonté, les discussions avec les proches sont fréquentes au Pays-Bas (85 %), en Belgique (77 %) et en Suisse (69 %), rares en Italie et en Suède (39 %). Cela ne doit naturellement rien au hasard. *Le Monde*, 8/08/2003.

avait la charge ?
Des voix divergentes, disposant de plus de recul, se firent néanmoins entendre. Au cours de l'instruction et lors de l'audience, un cadre infirmier extérieur au service vint critiquer l'absence de prise en considération de la douleur en neuro-pneumologie, pointa l'insuffisance des lieux de paroles pour les personnels et affirma que Christine Malèvre n'avait sans doute pas trouvé le soutien nécessaire. On reprocha alors à ce témoin de parler de ce qu'il ne connaissait pas ... Où était la vérité ? Seuls les malades décédés la connaissaient.
Seuls les patients savent en effet ce qu'ils doivent endurer. Ni la souffrance physique, ni *a fortiori* la souffrance morale, ne peuvent être considérées comme des données objectives.
Les malades ne devraient-ils donc pas être au centre de cette discussion et interrogés pour dire ce qu'ils jugent supportable ou non ? Que pouvaient souhaiter Patrice C. ou Dominique K. en ce domaine ? Le dossier ne permettait pas de le dire.

Selon Christine Malèvre, Raymond B., conscient, la suppliait d'intervenir si son état venait à se dégrader. Le fils de Raymond B. soutenait au contraire que son père ne demandait qu'à se battre contre la maladie. Ces déclarations n'étaient d'ailleurs pas forcément contradictoires. Il n'était nullement exclu que Raymond B. ait évolué dans sa réflexion, qu'après avoir lutté, il ait décidé de déposer les armes. Rien, aucun document formalisé ne permettait de suivre le cheminement éventuel de sa pensée. Pas un instant son dossier médical, portant parfois mention de détails sans importance, ne venait indiquer ses aspirations essentielles. La possibilité de lui poser une quelconque question à ce sujet n'était pas prévue. Aucun texte ne vient garantir l'intervention du malade pour lui offrir la possibilité de donner son sentiment sur le degré de résistance qu'il entend opposer à la maladie.

Il en était de même pour Hubert B. qui avait été informé de l'impuissance de toute thérapie curative le concernant.
Parfaitement conscient, il avait indiqué au médecin qu'il ne

voulait pas être grabataire. Quelle portée donner à ce refus ? Comment interpréter cette manifestation de volonté ? Le médecin auquel il avait fait cette confidence n'était pas autorisé à lui demander de le préciser, même si les doses de morphine avaient été triplées en l'espace de quatre jours pour soulager ses douleurs, même si le pronostic vital concernant cette homme de 75 ans était "réservé".

Là encore, les déclarations de Christine Malèvre concernant les souhaits de ce malade contredisaient l'idée que pouvait en avoir ses proches. Il était cependant important de noter que ce patient n'avait jamais souhaité s'entretenir de sa maladie avec sa famille. Pour cela il avait mandaté le médecin hospitalier. Rien en conséquence ne s'opposait à ce qu'il ait courageusement tenu un double discours, plein d'espoir lorsqu'il s'adressait à ses proches pour atténuer leur peine, résigné lorsqu'il entrait en contact avec son infirmière. Rien ne lui était de toute façon proposé pour recueillir sa pensée intime et réfléchie.

Pour Patrick H., le pronostic vital était engagé, son décès attendu. Il était mourant. Compte-tenu de l'épouvantable fin qui l'attendait (la rupture de la carotide), avait-on profité de ses derniers instants de conscience pour l'interroger sur l'éventualité d'un décès anticipé ? Non, la loi l'interdisait.

La question d'abréger ses souffrances ne méritait-elle cependant pas de lui être posée ? Et cette question ne méritait-elle pas d'être posée dans un cadre apportant au malade comme au personnel soignant toutes les garanties de clarté et de réflexion nécessaires ?

Au lieu de cela, Christine Malèvre se contenta d'une prétendue demande orale formulée dans l'urgence pour justifier lui avoir injecté une dose mortelle de chlorure de potassium. Inversement, pour tenter de prouver que Patrick H. ne souhaitait pas partir avant son heure, l'accusation en fut réduite à faire *"remarquer que, loin d'aspirer à la mort, il avait tenté, juste avant, de faire comprendre à sa femme qu'il voulait un baume pour les lèvres et un produit pour les dents"*. Comme si de telles demandes, répondant à un besoin physique immédiat, pouvaient être interprétées comme la manifestation d'une "aspiration" à la vie ! Comme s'il n'aurait pas été plus utile et conforme à l'intérêt de ce malade dont tout le monde savait qu'il n'avait, au mieux, que quelques jours à vivre, de profiter de ses derniers instants de conscience pour tenter de connaître ses volontés. Encore eut-il fallu lui poser la question. Et, le pronostic vital étant connu depuis fort longtemps, la lui avoir posée de longue date, de manière à ce qu'il ait eu tout le temps d'y réfléchir. Encore eut-il fallu s'autoriser à l'interroger sur un sujet dont officiellement la loi ne reconnaît pas l'existence.

Cette question ne fut pas davantage posée à Jacques G., 71 ans, hémiplégique, aphasique, dont l'espérance de vie était évaluée à un maximum de trois semaines. Jacques G. était pourtant conscient. S'il ne pouvait parler, il était capable de s'exprimer, de manifester sa peine par des pleurs, de battre des paupières, de répondre ainsi par l'affirmative ou la négative aux questions qui pouvaient lui être posées. Peut-être Jacques G. souhaitait-il ardemment être interrogé sur l'éventualité d'une aide active à mourir ? Peut-être se refusait-il totalement à envisager une telle possibilité en raison de sa foi catholique ? Nul n'en saura jamais rien.
Christine Malèvre se contenta d'interpréter le geste de Jacques G. portant à son cou sa main valide pour estimer qu'il y avait là une demande de sa part. Bien entendu, ce geste ne signifiait pas plus la manifestation d'une volonté de mourir que la demande d'un baume pour les lèvres ne manifestait une volonté de s'accrocher à la vie. Ces gestes étaient pourtant les seules signes susceptibles d'éclairer les jurés sur la volonté des uns et des autres. La loi n'en avait pas permis d'autres.

Denise M., Patrice C. et Dominique K. se trouvaient dans des situations comparables. À eux non plus, aucun moyen n'avait été fourni pour leur permettre de manifester leurs volontés.

Un réquisitoire paradoxal

Pour le Procureur de la République, il était apparemment inimaginable de concevoir que l'un ou l'autre des malades concernés ait pu demander à Christine Malèvre de l'aider à mourir. À ses yeux, exprimer la volonté de fausser compagnie à la vie avant l'ultime instant ne pouvait rester qu'une hypothèse d'école. *"Il est aisé, en bonne santé, de dire qu'on aimerait être aidé à trouver le trépas par le personnel médical en cas de maladie grave,* écrivait-il. *Lorsque la Parque rode, couper le fil du temps perd sa lumineuse facilité et les malades, loin de souhaiter partir, luttent farouchement contre la mort. C'est dire la lucidité et le courage qu'il faut avoir en ces instants pour écarter l'instinct de survie."*[56]
Personne ne saura jamais sur quels éléments ni sur quelle expérience personnelle se fondait le Procureur de la République, représentant de l'État, pour affirmer de telles choses. Selon lui, face à la maladie, fut-elle dans une phase terminale, il n'existait qu'une voie possible pour tous : la lutte "farouche" contre la mort.
S'il n'allait pas jusqu'à écrire que personne ne pouvait jamais disposer de "la lucidité et du courage" nécessaires pour accepter l'inéluctable, sa phrase semblait toutefois suggérer que la puissance de l'instinct de survie était de nature à étouffer tout autre sentiment. Pour l'accusation, cela constituait un postulat confortable. Il est cependant permis de supposer que le Procureur, en son for intérieur, n'excluait pas totalement l'idée selon laquelle certains individus ne souhaitaient pas mener jusqu'à son terme le combat contre "la Parque". Mais à ceux- là, il n'offrait pas la moindre solution. Il demeurait silencieux envers les malades ayant *"le courage*

---

[56] Réquisitoire définitif.

et la lucidité d'écarter l'instinct de survie" et se refusait à analyser le triste sort de ceux qui, détachés de la vie, continuaient néanmoins à se la voir imposée.

Le Procureur poursuivait ainsi son réquisitoire : *"Christine Malèvre s'identifiait de façon massive et sans distance à la souffrance de l'autre et pensait préférable, sans autre précaution, d'accélérer la mort. Elle tissait avec le patient un lien secret dans lequel se déroule une sorte de serment qui est une perversion de la relation médicale. Ainsi, hors de toute hiérarchie, sans intervention de tiers et sans référence à la loi, Christine Malèvre s'est trouvée en situation de donner la mort sans avoir à en référer à personne".*

Ce paragraphe était très étonnant. Le Procureur reprochait en effet à Christine Malèvre d'avoir provoqué la mort de patients, "hors de toute hiérarchie", "sans intervention de tiers", "sans référence à la loi", "sans en référer à personne", "sans autre précaution"... Est-ce à dire *a contrario* que le Procureur aurait pu considérer les actes de Christine Malèvre comme légitimes si elle avait agi après en avoir référé à ses supérieurs hiérarchiques ou si sa décision avait été prise en compagnie de tiers ? Dans cette hypothèse, aurait-il donc existé une loi qui eût pu l'y autoriser, susceptible de lui servir de "référence" ?

Écrivant cela, le Procureur, loin de faire le procès de Christine Malèvre, faisait à l'évidence celui du législateur. Car il admettait finalement la possibilité d'accomplir un geste euthanasique. Mais pas n'importe comment. Pas dans n'importe quelle condition. Pas à la sauvette, pas dans le secret. Or, le Procureur, représentant de la République, ne pouvait ignorer qu'en l'absence de loi, il était impossible d'accomplir un tel geste autrement qu'à la sauvette et dans le secret. C'est donc *in fine* le législateur et sa carence qui se retrouvaient au banc des accusés.

Le Procureur reprochait enfin à Christine Malèvre sa *"fascination morbide"* pour la mort et la maladie, le

"pervertissement" de sa relation avec ses malades, reprenant ainsi dans son réquisitoire les termes des premiers experts psychiatres qui avaient examiné l'accusée.
Il était certes toujours possible d'échafauder toutes sortes de constructions intellectuelles pour expliquer les gestes commis par Christine Malèvre et noircir l'intention qui avait pu l'animer. Chacun était bien libre d'avoir son opinion. Mais une chose sautait aux yeux : cette perversion, si elle existait, avait été induite par le non-dit, par l'interdit légal assimilant l'euthanasie au meurtre.
C'est le refus du législateur de mettre un terme à cet amalgame qui avait généré le secret. La loi consacrant cet amalgame était perverse et l'absence de loi définissant les conditions dans lesquelles pourrait être pratiquée l'euthanasie, coupable. L'éventuelle fragilité psychologique de Christine Malèvre n'avait fait que se nourrir de cette carence.

Est-ce parce qu'il avait finalement conscience de tout cela que, de l'avis général, le représentant du ministère public à Versailles apparut, lors de son réquisitoire, *"pour le moins brouillon dans ses développements, confus dans ses affirmations et peu rigoureux dans ses explications"*[57] ?

L'hôpital, pays de l'arbitraire

Mourir avant son heure, sans le revendiquer, par la volonté unilatérale d'un membre du personnel soignant, c'est être victime d'un crime.
Être maintenu en vie contre sa volonté par une équipe soignante dans l'impossibilité légale de proposer une autre alternative, c'est être victime de l'arbitraire.

---

[57] *Le Monde*, 1/02/2003.

Dans les deux cas, c'est être dépossédé par un tiers de sa liberté de choix dans un moment pourtant essentiel de la vie.
Il était reproché à Christine Malèvre d'avoir *"abusé de son pouvoir"* par *"volonté d'appropriation"*, *"manifesté sa toute puissance"* en précipitant la mort de ses patients. Admettons cette hypothèse. Mais alors, que penser de l'attitude du médecin maintenant en vie un malade contre sa volonté lorsque le pronostic vital est engagé ? L'abus de pouvoir ne peut-il se manifester tout autant dans la "Création" que dans la "Destruction" ?
Abuser de sa puissance dans de tels cas, c'est manifester son pouvoir, de vie ou de mort, sur l'Autre. L'abus se matérialise par la dépossession du sujet de sa liberté de décision sur sa vie ou sur sa mort. Dans un cas comme dans l'autre, le sujet devient objet.

Tant qu'une loi ne viendra pas reconnaître le droit des malades à exiger que soit mis un terme à leur existence dans certaines circonstances et selon une procédure précisément définie, la porte de l'hôpital demeurera ouverte sur l'arbitraire.
Ce qu'illustrait une infirmière dans une interview parue dans *Libération* au mois de Juillet 1998 à la suite de la découverte des euthanasies "sauvages" prêtées à Christine Malèvre : *"il y a des médecins,* disait-elle, *complètement bloqués, qui ne veulent pas prendre d'initiatives par peur que cela se retourne contre eux. Nous, on vit la souffrance toute la journée, on se permet d'insister pour que le malade reçoive plus de calmants. Les médecins qui refusent n'ont en général pas d'arguments. Ils ne parlent pas. Ils passent dans les chambres, ne voient rien, coupent court aux demandes des familles. Ils restent bloqués par l'idée qu'ils sont là pour soigner et ne veulent pas être confrontés à leur impuissance. J'ai travaillé deux ans dans l'Ouest, là-bas la foi religieuse influence beaucoup les médecins. Il y a un arbitraire insupportable. Selon le médecin, les gens ont la possibilité de*

mourir dignement sans souffrances ou dans des agonies épouvantables".

Comment accepter de continuer à laisser agir ainsi les équipes hospitalières, au cas par cas, de manière totalement opaque, dans un sens ou dans un autre, en fonction des sentiments et des appréciations personnelles des membres du personnel soignant ?

Les leçons du procès

Deux mots résument le procès de Versailles : hypocrisie, dans l'hypothèse où ce procès aurait bien été celui de l'euthanasie, c'est-à-dire celle où Christine Malèvre aurait effectivement agi avec le souci de mettre fin à des souffrances insupportables, et paradoxe, dans l'hypothèse où ce procès aurait été celui d'une peu banale affaire d'assassinat, c'est-à-dire celle où cette infirmière n'aurait été en définitive, pour reprendre l'expression d'une certaine presse, qu'une vulgaire "tueuse en série".

Hypocrisie car, à supposer les mobiles de l'infirmière honorables, quel crime avait-elle donc commis, aux yeux de la loi, en avançant de quelques heures ou jours la mort des patients dont elle avait la charge ? Seulement un crime que bien d'autres avaient commis avant elle ou ont commis depuis, son seul tort ayant été de l'avoir accompli de manière maladroite, dans la solitude absolue, l'urgence, la précipitation et l'anxiété.
Si, cas le plus favorable, elle avait agi à la demande de ses malades, sa conduite n'aurait pas été fondamentalement

différente de celle du Docteur Isabelle Marin[58] qui relatait comme suit la manière dont elle avait apporté son aide à l'un de ses patients, monsieur B., en 1985 :

> *"Monsieur B. est un vieil homme, grand érudit, veuf, qui ne vit que dans le calme de sa bibliothèque. (...) Un cancer du poumon à petites cellules se déclare. M. B. accepte les chimiothérapies qui sont effectuées en hôpital de jour. Elles sont relativement efficaces dans un premier temps, (...) les choses vont cahin-caha, M. B. décline doucement, souffre mais voit ses douleurs calmées par la potion Saint Christopher[59]. Un jour, un ami, ancien élève de M. B. demande à me voir d'urgence. Il m'explique qu'il faut faire quelque chose : M.B. lui a demandé de lui procurer un revolver, il n'a pas la force de sauter par la fenêtre mais veut en finir. Son état s'est encore dégradé et ses filles ont décidé qu'il serait beaucoup mieux dans le Lot, auprès de ses nombreux petits-enfants, dans la grande maison de famille ensoleillée. Mais M. B. n'aime pas beaucoup les enfants, encore moins le bruit et le soleil. Il ne veut que ses livres, n'arrive presque plus à lire et veut mourir. Je suis très ennuyée, j'hésite beaucoup, je finis par expliquer à l'ami que la potion que M. B. a avec lui pourrait sûrement lui permettre d'en finir d'une façon plus confortable qu'un revolver, mais je trouve ce conseil assez lâche et propose une hospitalisation pour faire le point et éventuellement l'aider. À son*

---

[58] Ni de celle du professeur Meininger, médecin à l'hopital de la Pitié-salpêtrière, venant affirmer sans détour lors du procès Malèvre qu'en prescrivant *"dans un dialogue clair"* avec le patient, l'équipe soignante et la famille, un *"médicament potentiellement létal"*, la morphine par exemple, *"nous ne faisons pas qu'endormir, nous donnons la mort."*

[59] Saint Christopher est la première structure de soins palliatifs anglaise, fondée par Madame Saunders. C'est de cette institution que sont sortis les premiers travaux sur l'utilisation de la morphine orale.

> *arrivée, M. B. est très faible, un peu douloureux. Il me confirme sa volonté délibérée d'en finir, son refus d'aller dans le Lot ou d'être hospitalisé longtemps et souligne combien ses filles l'épuisent. Je lui répète alors qu'il a tout ce qu'il faut sur sa table de nuit. Il me remercie très chaleureusement mais là encore, je trouve lâche de le laisser seul avec sa potion et, après discussion avec l'équipe soignante et l'interne de salle, je lui propose de faire une injection sous-cutanée de morphine. Son regard s'éclaire, soulagé. J'arrive dans sa chambre avec la seringue. M. B. pleure. Aussitôt, je lui propose de remettre cela à plus tard, il n'y a pas d'urgence. M. B. me prend alors la main et me supplie de lui faire cette injection : il pleure de joie et de soulagement. Je fais l'injection. M. B. s'endort assez paisiblement. Les injections sont poursuivies pendant 24 heures puis M. B. meurt. Un mois plus tard, je reçois une lettre de la fille vivant dans le Lot que je n'avais jamais vue. Elle m'accuse d'avoir tué son père et me signale avoir porté plainte devant le procureur et l'évêché. Cette plainte n'eût pas de suite. J'en ai été presque déçue.*"[60]

Si, cas le moins favorable, Christine Malèvre avait agi sans y avoir été sollicitée par ses patients, parce qu'elle n'était tout simplement plus capable de supporter les souffrances dont elle était le témoin, sa conduite, encore une fois fautive, “hors norme”, défiant les usages, n'aurait pour autant pas été fondamentalement différente de celle d'un médecin-chef à l'hôpital d'Evry, venu rappeler à la barre à la demande de la défense, comme une évidence, l'usage dans son service de *“drogues potentiellement létales”*, achevant sa déposition par cette phrase éloquente : *“Il y a bien un moment où il faut que la barbarie cesse”*, ce que personne ne songeât un instant à

---

[60] Isabelle Marin, *Justices,* op.cit.

lui reprocher.

Dans les deux cas, la manière dont Christine Malèvre avait agi serait demeurée condamnable, ces euthanasies clandestines ayant été pratiquées dans des conditions manifestement détestables. De ce point de vue, pour les partisans d'une évolution de la législation, Christine Malèvre ne pouvait pas constituer un exemple, mais un contre-exemple. *"Il n'est pas question de faire de moi une figure de proue de l'euthanasie"*, écrivait-elle à ce propos dans son livre. *"D'ailleurs,* ajoutait-t-elle, *je ne suis militante de rien"*. Ce ne sont pas les adhérents de l'ADMD qui s'en plaindront. Cela étant, si ces hypothèses "compassionnelles" avaient été retenues, la peine infligée à Christine Malèvre serait demeurée mesurée. Car, même si elle avait apporté une mauvaise réponse à une bonne question, il eût été injuste de lui faire porter le poids de tous les péchés du monde. L'hypocrisie a ses limites.

Les Cours d'Assises saisies de son dossier n'en ont pas jugé ainsi. En lui infligeant dix, puis douze années d'emprisonnement, les jurés ont indiqué qu'ils ne reconnaissaient pas aux actes de l'infirmière le caractère d'humanité propre à l'euthanasie. En la condamnant lourdement, ils l'ont jugée comme une criminelle disposant sans doute de circonstances atténuantes, mais non comme une infirmière abusivement compatissante. C'est à cet instant que naît le paradoxe. Car le corollaire de ces condamnations sévères est l'affirmation que, dans l'esprit des jurés de Versailles comme de tous ceux qui, à un titre ou à un autre, sont intervenus au procès, l'euthanasie ne saurait constituer un crime, ce que la loi pourtant persiste à dire.
Tous les témoins, tous les acteurs, qu'ils soient du côté de la défense, de l'accusation ou des parties civiles, se sont en effet rejoints sur un point : l'euthanasie n'a pas à être pénalement sanctionnée. L'intervention la plus éclairante sur ce point fut celle du magistrat qui avait instruit l'affaire : *"Il ne s'agit pas*

d'euthanasie, affirma-t-il. *Il ne suffit pas que cela se passe dans un hôpital et qu'on porte une blouse blanche pour que ce soit de l'euthanasie. Je m'étais fixé quatre critères : que les patients concernés soient en fin de vie, que leur souffrance ne soit pas traitée, que Christine Malèvre ait été isolée au sein de son service et qu'il y ait une demande du malade. À part le premier, tous les autres critères ne sont pas remplis. Si tel avait été le cas, nous n'aurions jamais qualifié ces actes d'assassinats".* Autrement dit, s'il avait estimé qu'il s'agissait d'euthanasie[61], il se serait contenté d'une condamnation symbolique.

Les psychiatres ne tinrent pas un autre langage. Si les critères mis en évidence par le juge d'instruction avaient été respectés, c'est-à-dire une volonté clairement exprimée par le malade, des souffrances demeurant effectivement sans réponses, et une prise de décision collective au niveau de l'équipe médicale, ils n'auraient diagnostiqué aucune *"perversion dans la relation de Christine Malèvre avec ses malades".*
Le ministère public, on l'a vu, reprochait à l'infirmière d'avoir *"agi en dehors de toute hiérarchie, en dehors de tiers, sans aucune référence à la loi, sans en avoir jamais référé à personne."*
L'unanimité avec laquelle tous les participants à ce procès vinrent proclamer que l'euthanasie, pratiquée selon une certaine procédure, en respectant certains critères, ne pouvait être véritablement considérée comme un acte criminel, ne manqua pas d'être frappante. Paradoxalement, plus la condamnation de Christine Malèvre devenait sévère, moins la pratique de l'euthanasie devenait répréhensible. L'accusation et les parties civiles notamment, dans leur souci à démontrer qu'il ne s'agissait pas d'euthanasie pour parvenir à obtenir la

---

[61] Cela avait été sa première impression, au tout début de l'affaire. Pour cette raison, il n'avait pas placé Christine Malèvre en détention provisoire.

condamnation de l'infirmière, n'oubliaient qu'une seule chose, essentielle : aux yeux de la loi, l'euthanasie demeure un geste criminel.

Alors, en définitive, que vinrent-ils donc tous nous dire, ces témoins, ces experts, ces magistrats, ces avocats, si ce n'est qu'il y avait urgence à changer la loi ?
Ce procès fut en réalité, constamment, celui de l'interpellation du législateur.
Interpellation pour qu'il assure la protection des malades en leur rendant pouvoir sur leur vie et sur leur mort, interpellation pour qu'il protège les équipes médicales et para-médicales en leur donnant la possibilité d'envisager collégialement, en toute légalité, d'autres issues pour les fins de vie que celles présentement admises. Car aucun médecin, aucune infirmière n'a à supporter individuellement le poids de telles décisions. Ce que Christine Malèvre résumait avec regret dans son livre :

> *"Mon humble avis est que si l'on prenait en considération la demande d'un patient, alors qu'il est conscient et lucide, et s'il savait qu'il est en droit de la faire, mon histoire n'aurait jamais existé. Ne pas subir d'acharnement thérapeutique en cas de pronostic sombre et avéré. Ne pas végéter dans un coma irréversible. Ainsi la situation serait claire pour tout le monde. En premier lieu, pour le patient lui-même, qui ne serait plus cette chose anonyme, privée de décision, entièrement soumise, qu'il le veuille ou non, à celle des autres. Ensuite pour la famille, souvent déchirée et en souffrance, qui n'a pas le droit de demander l'arrêt des soins, et qui, lorsqu'elle ose le faire, provoque un bouleversement dans une équipe hospitalière non préparée à cette demande. (...) Que la demande, si elle existe, soit notée dans le dossier du malade, comme son testament de vie. Et que nul ne le discute le moment*

> *venu. Je connais trop la souffrance du geste à la fois précis et flou qui aide à mourir. "*

Effectivement, le malade doit savoir qu'il a la possibilité de poser la question de sa disparition. Celui qu'il interroge doit savoir ce qu'il peut lui répondre. La loi doit indiquer les conditions dans lesquelles une euthanasie active peut être considérée comme licite. Elle doit définir la procédure autorisant l'expression des uns et des autres dans un espace de discussion permettant l'émergence d'une décision prise collégialement. Si le consensus s'avère impossible, la loi doit indiquer celui qui, de l'équipe soignante, du malade et sa famille ou d'un tiers arbitre ou juge, dispose de l'ultime pouvoir de décision[62].

Alors, et alors seulement, les jurés de Versailles et de Paris auraient-ils pu véritablement apprécier le degré de gravité des actes commis par l'infirmière de Mantes-la-Jolie dans la mesure où cette dernière n'aurait pas respecté ce cadre légal protecteur pour les accomplir.

Que le législateur légifère donc, que la procédure autorisant l'Interruption Volontaire de Vie soit clairement définie et les infirmières pourront s'investir de nouveau en toute tranquillité d'esprit auprès de leurs patients, les transporter dans une chambre isolée, se rendre à leurs obsèques, rester proches de leurs familles, et même tomber amoureuses d'un malade atteint d'une sclérose en plaque sans que personne n'y trouve

---

[62] La recherche du consensus ne peut être qu'un objectif. S'il n'est pas atteint, ne pas définir la manière dont la décision finale sera prise ne peut que conduire à des situations conflictuelles dont les malades sont les premières victimes, comme cela s'est produit au CHU de Besançon. Actuellement, selon les enquêtes coordonnées par le Docteur Ferrand, les décisions de "limitation ou d'arrêt thérapeutique" en service de réanimation seraient prises dans 12% des cas par un médecin seul, dans 34 % des cas par l'équipe médicale et dans 54 % des cas par les médecins et les infirmiers. Les familles ne seraient consultées que dans 44 % des cas. *L'Express*, 13/02/2003.

à redire et sans avoir à craindre qu'il leur soit pour cela reproché une quelconque *"fascination morbide"*.

Chapitre 3

VERS L'INTERRUPTION VOLONTAIRE DE VIE : L'EXEMPLE DE DIANE PRETTY

Aux antipodes l'un de l'autre, les cas de Christine Malèvre et de Diane Pretty se répondent dans un jeu d'ombre et de lumière. Tous deux ont démontré, une fois de plus, à quel point les enceintes de Justice constituent des lieux privilégiés de réflexion et de résonance pour les causes qui y sont débattues, combien est grande leur capacité à faire surgir des réponses insoupçonnées aux questions les plus complexes. Une raison sans doute simple à cela : les Palais de Justice traditionnels comme les désormais nouvelles "cités judiciaires" sont des lieux d'écoute attentive, qui favorisent le recueillement, où chacun peut en définitive s'interroger en silence sur les sujets les plus intimes.

Les salles d'audience ne sont pas des plateaux de télévision où l'on vient discuter dans le brouhaha et les invectives. La procédure judiciaire interdit les foires d'empoigne. Chacun y parle à son tour selon un ordre prédéterminé, expose ses arguments et son point de vue dans des conditions préalablement définies par des codes méticuleux. Les sujets les plus douloureux, les plus sensibles, peuvent ainsi y être traités en toute sérénité.

Ces spécificités ont notamment permis au procès de l'infirmière de Mantes-la-Jolie d'attirer dans le calme l'attention sur l'urgence d'une discussion parlementaire à propos de l'euthanasie.

Lui faisant écho, le procès initié par Diane Pretty nous a appris quelque chose de plus : il nous invite à ne pas réserver les tribunaux aux seules affaires pénales qui, très épisodiquement, comme dans l'affaire Malèvre, viennent y

poser la question de l'euthanasie. Si les juridictions pénales sont, *post mortem*, le lieu où doit être analysé et jugé le caractère éventuellement criminel d'un décès, les juridictions civiles peuvent être celui où, *ante mortem*, pourrait être analysée et jugée la manière dont un décès serait susceptible d'intervenir. Tel est le message laissé par Diane Pretty.
Sans attendre le vote de la loi espérée, la justice civile est d'ores et déjà en mesure d'apporter une réponse à certaines situations douloureusement concrètes et de favoriser ainsi l'émergence d'une jurisprudence susceptible d'anticiper, comme cela a été le cas en Hollande, sur de futures évolutions législatives.

Testament de vie et mandataires

La loi ne fait bien souvent qu'entériner des pratiques et nombreux sont les comportements à ne pas attendre l'aval du législateur pour entrer dans les moeurs.
Tel peut être le cas des "testaments de vie" et de leur corollaire, la désignation de mandataires pour en faire assurer le respect.
La force légale de ces déclarations de volonté sera un jour ou l'autre reconnue. Inutile cependant d'attendre le vote d'une loi sur l'euthanasie pour leur conférer vigueur et valeur.

Quel que soit le contenu des "chartes", "guides de bonne conduite" ou lois à venir, s'imaginer qu'il suffirait d'avoir verbalement indiqué à ses proches de façon plus ou moins précise la manière dont l'on souhaiterait "partir" pour que soit assuré le respect de ses volontés est illusoire. Se contenter de donner oralement ses instructions et s'en remettre, pour le reste et comme à l'habitude, à la "sainte providence" est insuffisant. Tenter de maîtriser sa mort suppose s'en être préoccupé tout au long de sa vie.

Pour conserver, si les circonstances le permettent, quelque influence sur le déroulement de nos départs respectifs, il semble difficile d'échapper à un minimum de réflexion préalable et de formalisme.
Sur ce plan, la rédaction d'un "testament de vie" et d'un document désignant un ou plusieurs mandataires chargés d'en faire respecter le contenu apparaît incontournable. Cela est évident pour celles et ceux qui ne disposeraient plus de la capacité de s'exprimer. Mais cela est également vrai pour ceux qui auraient conservé cette possibilité : dans un contexte où ils se trouveront nécessairement affaiblis et diminués, ceux qui souhaiteront exiger le respect de leur ultime liberté devront démontrer sans peine que leur demande n'est pas le fruit d'un moment de découragement passager mais bien l'expression d'une détermination ancienne. Ils auront également besoin du soutien de proches à la légitimité incontestable pour défendre leur cause et parvenir ainsi à vaincre les résistances qui ne manqueront pas de se manifester.

Le "testament de vie" est le nom habituellement donné à la déclaration écrite par laquelle chacun peut exprimer ses volontés sur la manière dont il entend disposer de ses derniers instants. Testament dit "de vie", dans la mesure où il a vocation à produire des effets du vivant de son auteur, ce qui n'est pas le cas d'un testament classique.
Au Canada, ce document est intitulé "testament biologique". Conçu par le corps médical, il comporte une douzaine de pages prévoyant un certain nombre de situations très précises[63] vis-à-vis desquelles chaque citoyen est invité à préciser par avance le niveau de soin dont il entend ou non bénéficier. Une case est également prévue pour "exprimer les

---

[63] Phase terminale sans conscience, état végétatif sans mort imminente, lésions cérébrales graves avec impossibilité de s'exprimer mais sans risque de mort prochaine, coma avec un pronostic défavorable, etc.

"principes de vie et les valeurs" qui sous-tendent ces choix" afin de permettre la prise en charge du malade par une équipe soignante ne se trouvant pas "en désaccord avec ces principes" et pouvant donc "se conformer à ses volontés sans drame de conscience."[64]

Aux États-Unis, la loi fédérale sur l'autodétermination des malades, qui date du 1er décembre 1991, impose à tous les établissements de soins d'interroger chaque malade sur l'éventuelle rédaction d'une telle déclaration et d'en faire mention à son dossier.

En Europe, si bien entendu les Pays-Bas et la Belgique, mais aussi la Suisse[65], le Danemark[66], l'Allemagne, le Royaume-Uni et l'Autriche[67] lui reconnaissent une certaine valeur, cela n'est pas encore le cas de la France[68]. Ce qui n'est pas une raison pour s'en dispenser. Un tel document, même dépourvu de toute force obligatoire, sera toujours un élément

---

[64] Sur ce sujet, cf. François de Closets, *La Dernière liberté*, op.cit. pages 247 & s.

[65] En Suisse, la loi du 28 mars 1996, votée par le canton de Genève, stipule : "Les directives anticipées rédigées par le patient avant qu'il ne devienne incapable de discernement doivent être respectées par les professionnels de la Santé s'ils interviennent dans une situation thérapeutique que le patient avait envisagée dans ses directives."

[66] Au Danemark, depuis le vote de la loi du 14 mai 1992, les testaments sont enregistrés de manière à pouvoir faire l'objet d'une consultation rapide de la part des médecins. Cette consultation présente un caractère obligatoire lorsque le patient se trouve en phase terminale, ses instructions devenant dans cette hypothèse impératives. Sur ce sujet, cf. François de Closets, *La Dernière liberté*, op.cit, page 260.

[67] C'est la jurisprudence et non la loi qui reconnaît dans ces trois derniers pays l'obligation de se conformer au testament de fin de vie. Cf. exposé de motifs de la proposition de loi relative au droit de finir sa vie dans la liberté enregistrée à la Présidence de l'Assemblée Nationale le 10 avril 2003.

[68] Pourtant, selon un sondage SOFRES d'avril 2001, 88 % des français se déclarent favorables à la reconnaissance légale d'un tel document et au respect de son contenu.

d'information pour les médecins et pourra constituer la première pièce du dossier appelé à être remis, le cas échéant, entre les mains des juges. Ce testament sera essentiel pour établir le caractère mûri et réfléchi de volontés exprimées de manière persistante. Il eût été *a posteriori* un élément d'appréciation de première importance dans le dossier Malèvre.

Les rédactions[69] distinguant clairement les soins et les modes de vie acceptés par leur auteur et ceux qu'il refuse seront de nature à soutenir plus efficacement ses demandes et à faciliter, si besoin est, la tâche de ses mandataires.

Il conviendra d'adapter son texte au fil du temps qui passe en y apportant des précisions en fonction de l'apparition éventuelle de pathologies personnelles, et surtout, de contresigner cette déclaration chaque année afin de lui donner, même si cela ne produit pour le moment aucun effet juridique, le caractère *"répété"* que le Comité d'Éthique pensait devoir exiger pour que soit reconnue *"l'exception d'euthanasie"*.

Les mandataires auront la lourde tâche d'être les représentants de l'auteur du testament et de veiller à faire respecter ses volontés dans l'hypothèse où celui-ci ne serait plus en mesure de les exprimer.

Tout proche faisant partie de l'entourage du malade est potentiellement habilité à jouer ce rôle[70]. Le mandataire ainsi désigné[71] dispose d'une légitimité et d'un pouvoir de décision

---

[69] Cf. exemples en annexe 1.

[70] Le Code de déontologie médicale évoque dans ses articles 34 à 36 un dialogue possible avec "l'entourage" du patient (article 34), ses "proches" ou des "tiers désignés" (article 35 et 36), le Code de la Santé Publique (art. L.1111-6) parle de *"personne de confiance qui peut être un parent, un proche ou le médecin traitant"*.

[71] L'article L.1111-6 du Code de la Santé Publique mentionne que *"la désignation est faite par écrit."* Même s'il ne semble pas s'agir là d'une formalité substantielle, on ne saurait trop recommander la rédaction d'un

qui lui sont incontestablement d'ores et déjà reconnus par les textes :
- Les médecins doivent le prévenir en cas de "pronostic fatal"[72].
- Les médecins doivent également l'informer et le consulter[73] avant d'effectuer toute intervention thérapeutique *"sauf urgence ou impossibilité persistante"*. Cette consultation a pour but de connaître la *"position exprimée antérieurement par le malade"* afin que soit respecté le principe selon lequel *"le consentement de la personne soignée doit être recherché dans tous les cas."*[74]

En conséquence, pas de traitement, pas d'examen, pas de soin sans le consentement de la personne concernée. Et si cette personne est privée de ses moyens d'expression, pas de traitement, pas d'examen, pas de soin sans avoir cherché à connaître les instructions qu'elle aurait pu laisser : cela est

---

tel document. Cf. supra, annexe 2, pour des exemples de lettre de désignation.

[72] Cf. article 35 du Code de déontologie médicale : un *"pronostic fatal ne doit être révélé qu'avec circonspection, mais les proches doivent en être prévenus, sauf exception ou si le malade a préalablement interdit cette révélation ou désigné les tiers auxquels elle doit être faite."*

[73] cf. article L.1111-6 du Code de la Santé Publique : *"Toute personne majeure peut désigner une personne de confiance qui sera consultée au cas où elle-même serait hors d'état d'exprimer sa volonté et de recevoir l'information nécessaire."*

[74] Cf. article 36 du Code de déontologie : *"Le consentement de la personne examinée ou soignée doit être recherché dans tous les cas. Si le malade est hors d'état d'exprimer sa volonté, le médecin ne peut intervenir sans que ses proches aient été prévenus et informés, sauf urgence ou impossibilité"*. Article faisant l'objet du commentaire suivant par le Conseil National de l'Ordre : *"Dans ce cas, le médecin doit s'efforcer d'avertir des proches susceptibles de transmettre une position exprimée antérieurement par le malade. En cas d'urgence ou d'impossibilité persistante de joindre ces proches, le médecin devra intervenir comme il le juge souhaitable".*

clair et semblerait de nature à assurer le respect des volontés du patient ...

* * *

Dans l'immense majorité des cas, la mort passe sans crier gare ou survient dans un climat suffisamment serein pour que toute confrontation soit évitée dans un moment qui ne s'y prête vraiment pas. Les "belles morts" existent.

Les relations établies par le malade et son entourage avec le personnel médical sont généralement de qualité, confiantes, satisfaisantes et il n'est pas question de faire ici un procès d'intention à des équipes soignantes dont la compétence et le dévouement forcent bien souvent l'admiration.

Il s'agit simplement de rappeler qu'il peut y avoir parfois des situations mettant en cause la dignité des personnes et que des recours judiciaires peuvent alors être envisagés pour faire respecter les droits du malade, prévaloir ses volontés et imposer l'arrêt de traitements dispensés contre sa volonté. Quoiqu'on en dise et en pensent encore certains, l'euthanasie passive est d'ores et déjà juridiquement un droit.

Il s'agira ensuite, en s'inspirant de l'argumentation juridique développée par Diane Pretty devant la Cour Européenne, de démontrer que les demandes d'euthanasie active peuvent également en devenir un.

L'IVV "passive", un droit reconnu

Si l'on en croit les commentaires du Code de déontologie médicale[75], les relations entre les malades en fin de vie (ou leurs représentants) et les équipes médicales devraient être

---

[75] Tous les commentaires du Code de déontologie sont consultables sur le site internet du Conseil National de l'Ordre, www.conseil-national.medecin.fr.

théoriquement de la nature suivante :

> *"À la dernière phase de l'existence humaine le médecin doit demeurer celui qui soigne. Accompagner signifie écouter, être compréhensif et secourable, prendre en charge les besoins somatiques et psychiques, maîtriser la douleur, apaiser l'angoisse, rompre la solitude. En d'autres termes, c'est aider le malade et sa famille à admettre et à supporter l'approche de la mort. (...) En établissant une relation d'une telle qualité avec le malade, le médecin reste "l'ami ultime". Il lui permet de se resituer dans son présent, son passé et son devenir, d'exprimer ses désirs, ses volontés, de nouer des échanges avec les soignants, amis et parents, selon des voies diversifiées, neutres et bienveillantes, qu'elles soient médicales, affectives, philosophiques ou religieuses. Il préserve ou lui redonne le droit de retrouver - au-delà de la douleur, de la souffrance et du deuil - l'estime de soi, l'homme intérieur avec les valeurs qui fondent sa dignité. (...) L'intervention du médecin ne peut se réduire aux seuls actes techniques qui mettent en jeu sa compétence et son expérience. Il aura une écoute attentive, de la compréhension, de la discrétion et manifestera tout ce que lui dictent sa conscience et son humanité."*[76]

Voilà pour les principes.
Dans la pratique, dans de nombreux hôpitaux, quel est le visage de cet *"ami ultime"* ? Celui d'un médecin courant d'air et protéiforme, dont la représentation change quasi-quotidiennement, s'incarnant tantôt sous l'aspect d'un chef de service, tantôt sous celui d'un interne ou d'un assistant, ne disposant pas du temps nécessaire pour engager un dialogue sérieux avec le patient et son entourage. Lorsque l'écoute est

---

[76] Commentaires des articles 37 et 38 du Code de déontologie.

de circonstance, formelle, que le malade, affaibli ou inconscient, est dans l'incapacité de s'exprimer, que les mandataires désignés ne sont entendus qu'avec une politesse respirant l'impatience, que des traitements sont engagés contre la volonté des personnes concernées ou sans leur accord, lorsque, en un mot, "ça se passe mal" et que, *de facto* et même si tout le monde s'en défend, on se trouve dans une situation d'acharnement thérapeutique, le recours au juge pourra utilement venir recadrer les choses : rappeler les médecins à leurs devoirs, attirer leur attention sur leur responsabilité en cas de survie du malade dans des conditions totalement opposées à ses souhaits, en résumé, inciter l'équipe soignante à ouvrir ses oreilles et la conduire "spontanément" à écouter un message qu'elle se refusait jusque là à entendre.

Avant l'introduction d'une action judiciaire qui ne saurait s'envisager qu'en dernier recours, il ne faut pas sous-estimer le poids et l'influence d'une ferme défense des droits des malades en milieu hospitalier que l'on peut résumer ainsi :
- droit de prendre connaissance de son dossier,
- droit de quitter l'hôpital à tout moment,
- droit de s'opposer à toute investigation ou traitement,
- droit de participer aux choix thérapeutiques le concernant,
- droit à voir sa douleur apaisée.

Il n'est pas inutile de rappeler que *"tous les malades*[77] *peuvent quitter à tout moment l'établissement. Si le médecin chef de service estime que cette sortie est prématurée et présente un danger pour leur santé, les intéressés ne sont autorisés à quitter l'établissement qu'après avoir rempli une attestation établissant qu'ils ont eu connaissance des dangers que cette sortie présente pour eux. (...) Lorsque l'état de l'hospitalisé s'est aggravé et qu'il est en danger de mort, il est transféré à son domicile si lui-même ou sa famille en*

---

[77] À l'exception des mineurs et des personnes hospitalisées d'office dans le cadre d'internement psychiatrique.

exprime le désir. "[78]

Ces textes sont intéressants à plus d'un titre. Tout d'abord parce qu'ils consacrent une nouvelle fois la primauté de la volonté du malade qui conserve toujours la liberté de quitter l'hôpital, même si cela doit mettre sa vie en danger. Ensuite parce qu'ils réaffirment la capacité de la "famille"[79] à en décider si le malade n'est plus en état de le faire.

Il est aussitôt nécessaire d'ajouter que le fait de ne pas souhaiter (ou de ne pas pouvoir) quitter l'hôpital n'entraîne inversement ni renonciation du malade aux droits qui sont les siens, ni acquiescement tacite aux traitements et soins qui pourraient lui être dispensés.

Si les différentes tentatives pour obtenir le respect des volontés du malade échouent, si le dialogue avec l'équipe médicale s'avère impossible, il faudra alors se résigner à en arriver au terme de l'épreuve de force. Telle fut, en Grande Bretagne, la démarche suivie par mademoiselle B. pour obtenir de la Haute Cour, contre l'avis de ses médecins, le droit d'exiger le débranchement de l'appareil respiratoire qui la maintenait en vie.

Dans ces cas de figure, il ne s'agit pourtant, en l'état de notre droit, que d'imposer au personnel soignant le respect scrupuleux et rigoureux de textes reconnaissant sans ambiguïté au malade la possibilité de s'opposer à la mise en place ou à la poursuite de traitements n'ayant pas ou plus son consentement, et ce, quelles que soient les éventuelles conséquences de cette abstention ou de cette cessation de soins sur son état de santé.

La Jurisprudence est parfaitement claire sur ce point : lorsque

---

[78] Cf. article 60 et 62 du décret du 14/01/1974 portant règlement du fonctionnement des centres hospitaliers.

[79] Notion à étendre aux proches et à l'entourage, ne serait-ce que pour garantir les droits de celui qui ne disposerait pas de "famille" au sens strict.

les volontés du malade et du médecin sont en opposition, ce sont celles du malade qui priment et, depuis fort longtemps déjà, la Cour de cassation admet qu'un médecin ne peut voir mettre en jeu sa responsabilité, ni pénale ni civile, pour s'être conformé à la volonté de son patient, si ce dernier vient à décéder après avoir refusé les soins thérapeutiques qui lui étaient proposés[80].

L'article L.1111-4 du Code de la Santé publique a assuré la traduction législative de ce principe : le médecin ne peut imposer aucun traitement à son patient sans le consentement de ce dernier, y compris dans le cas où cela serait de nature à entraîner sa mort.

De fait, comme le note Jean-Pierre Gridel, conseiller à la Cour de Cassation, *"l'euthanasie passive -celle qui se limite à l'abstention ou cessation de l'activité thérapeutique- paraît donc légalisée, du moins dans la stricte mesure où elle intervient à la demande du patient."*[81]

En d'autres termes, un patient dispose aujourd'hui du pouvoir de contraindre un médecin à cesser toute thérapie curative et de lui imposer la mise en place d'une thérapie exclusivement palliative.

Le problème est que, dans la pratique, en milieu hospitalier, les traitements sont couramment mis en place d'autorité, sans que l'avis du malade ni celui de sa famille ne soit sollicité.

Dans ces hypothèses, l'opposition affichée par le malade en fin de vie (ou par ses proches) au traitement imposé suffira alors à caractériser l'acharnement thérapeutique[82] dont il est l'objet.

---

[80] Cf. Cass. Crim, 3/01/1973, Dalloz 1973, 220.

[81] Jean-Pierre Gridel, "le refus de soins au risque de la mort", *La Gazette du Palais*, 19-20/06/2002.

[82] Le code de déontologie donne de l'acharnement thérapeutique la définition suivante : *"des investigations invasives imposées sans visée thérapeutique, et des soins douloureux difficiles à supporter pour le patient, afin de prolonger sa vie de quelques jours dans des souffrances*

En cas de saisine du juge, démontrer que le traitement contesté s'avère disproportionné et inutile ne sera même pas nécessaire pour établir le caractère déraisonnable de l'obstination médicale. Le défaut de consentement aux soins prodigués leur donne déjà, quels qu'ils soient, un caractère illicite et abusif. En cas de situation critique, que la personne en fin de vie soit consciente ou non, la saisine d'un tribunal par voie d'urgence pour exiger l'arrêt de "soins" qui lui sont prodigués sans son consentement sera donc toujours légitime.

La faute commise par le médecin qui se refuserait à ordonner la cessation immédiate des traitements actifs dispensés à son patient contre sa volonté serait même susceptible de poursuites pénales. Si le traitement imposé s'avère douloureux, il est possible de prononcer à son sujet le mot de torture, définie par les Nations-Unies comme *"tout acte par lequel une douleur ou des souffrances aiguës physiques ou mentales sont délibérément infligées"*.
Administrer contre la volonté du patient des traitements ne servant qu'à prolonger inutilement ses souffrances ou lui imposer des conditions de survie inacceptées est également susceptible de recevoir une autre qualification pénale, celle d'administration de substances nuisibles ayant porté atteinte à l'intégrité physique ou psychique d'autrui[83].
Le malade dispose donc, on le voit, de moyens juridiques très puissants pour s'opposer à la mise en place et à la poursuite de thérapies qu'il refuse.
Toute autre est la situation où il viendrait à solliciter une aide médicale active à mourir.

---

supplémentaires inutiles". Cette pratique est condamnée par l'article 37 qui impose au médecin, *"en toutes circonstances, d'éviter toute obstination déraisonnable dans les investigations ou la thérapeutique"*.

[83] Délit prévu et réprimé par l'article 222-15 du code pénal.

L'IVV "active", un droit à conquérir

En août 2003, la presse et le monde politique firent grand cas des "victimes de la canicule". Parmi ces victimes figuraient de nombreuses personnes âgées. Les reproches les plus divers et les plus hypocrites s'abattirent sur un gouvernement coupable de n'avoir su prévoir cette subite montée des températures. Dans ce concert de critiques aux motivations plus ou moins avouables, peu nombreux furent ceux à évoquer avec franchise et lucidité la délivrance que cette mort providentielle avait pu constituer pour certains.

"Ne peut-on pas supposer que la vague de chaleur du mois d'août a permis à bien des vieillards d'être enfin débarrassés d'une vie devenue insupportable ? interrogeait Jacques Le Veugle dans le journal "Le Monde"[84]. *Quiconque rend visite à l'un ou l'autre de ses parents dans ces mouroirs que sont devenues les "maisons de retraite" sait de quoi je parle. Combien de personnes très âgées et malades, parfois abandonnées, souhaiteraient mourir ? Mais notre organisation sociale, loin d'écouter leur voeu, fait tout pour prolonger leurs jours, à grand frais pour leur famille et la collectivité. (...) Félicitons-nous donc que la canicule ait réussi ce que personne n'ose entreprendre : abréger les jours de quelques centaines de personnes âgées qui souhaitaient mourir. (...) Au delà de 80 ans par exemple, avoir le choix entre continuer à vivre ou quitter la vie dignement, est-ce une idée tellement scandaleuse ? Est-il tolérable par ailleurs qu'au niveau de la planète existent de telles disparités dans les dépenses de santé, que l'on puisse dépenser des centaines d'euros par jour pour maintenir en vie certains moribonds alors qu'on ne trouve pas ce fameux "dollar par malade" qui*

---

[84] "Le Monde", 11/09/2003.

permettrait par exemple d'éradiquer la malaria dans les pays tropicaux ?"

De telles questions se posent effectivement et solliciter une aide active à mourir ne saurait simplement concerner les personnes se trouvant dans les situations "rarissimes" décrites par le CCNE lorsqu'il envisage le recours à la notion "d'exception d'euthanasie".

Comme l'écrit André Comte-Sponville, *"il n'y a pas que la souffrance physique. Il y a le handicap insurmontable, la dépendance, la déchéance, la perte progressive de ses capacités intellectuelles, l'immobilité obligée, l'asphyxie, l'isolement, le refus d'être à la charge de ses enfants ou de la société, l'ennui, l'angoisse, l'humiliation, la lassitude, l'épuisement, le dégoût de soi et de tout. (...) Vouloir quitter la vie dans ces conditions, ce n'est pas la trahir; c'est protéger une certaine idée que l'on s'en fait."*[85]

Mourir peut être le souhait de "grands vieillards, grands malades ou grands infirmes" qui, sans se trouver dans des situations médicales critiques, ne vivant ni sous la dépendance d'une machine, ni privés de leurs capacités relationnelles, ni même confrontés à des douleurs qualifiées "d'insupportables", voudraient cependant faire reconnaître la légitimité de leur demande de mort volontaire.

Compte tenu des graves sanctions pénales et professionnelles encourues, aucun médecin, aucune infirmière, n'est aujourd'hui en mesure de leur donner satisfaction.

Sauf à y être autorisé par le juge avant de l'être demain par la loi.

Il s'agit donc de saisir un juge pour lui demander de rendre une ordonnance autorisant le médecin traitant à délivrer la sienne pour répondre aux voeux de son patient. C'est ce que tentèrent d'obtenir, entre autres, Jean-Marie Lorand, Ramon Sampredo et Diane Pretty.

---

[85] "Psychologie Magazine", avril 2000.

En France, les tribunaux de l'ordre judiciaire sont les gardiens des libertés individuelles. Cette qualité leur donne compétence pour traiter les cas dont ils pourraient être saisis. La question soumise concerne en effet la liberté individuelle de celui qui la pose : a-t-il ou non la liberté de mettre fin à ses jours ?
Les magistrats des Tribunaux de Grande Instance ne peuvent refuser de répondre à cette question. Ils ne peuvent rester muets, à peine de se rendre coupables d'un déni de justice. Un juge ne peut s'abstenir de statuer au motif que la loi serait, sur le sujet dont il est saisi, *"silencieuse, obscure ou insuffisante."*[86]

Il est bien sûr impossible d'imaginer tous les cas de figure susceptibles de se présenter. Selon que la personne concernée sera consciente ou non, transportable ou non, victime d'un accident ou sujette à une maladie chronique, autonome ou non, en établissement de soins ou à domicile, relativement jeune ou très âgée, en état ou non de manifester facilement sa volonté, en mesure ou non de s'administrer elle-même la potion réclamée, la formulation et la présentation seront fort différentes. Toutes ces procédures auront néanmoins un point commun : celui de prétendre que l'arsenal juridique composé de textes fondateurs très généraux et de règlements particuliers forts détaillés permet d'ores et déjà de faire droit à certaines demandes, même si en apparence la prohibition de l'euthanasie active semble inébranlable. Tel n'est pas le cas en réalité. Nous sommes en présence d'une telle *"profusion de sources formelles"* que certains n'hésitent d'ailleurs pas à parler en cette matière de véritable *"fatras"* juridique[87] ... Selon la primauté qui sera donnée à tel texte venant en concurrence ou se trouvant en contradiction avec tel autre, selon l'interprétation qui en sera faite, restrictive ou extensive,

---

[86] article 4 du Code Civil.

[87] Cf. Jean-Pierre Gridel, "le refus de soins au risque de la mort", *La Gazette du Palais*, 19-20/06/2002.

les chemins du possible sont largement ouverts.

L'argumentation juridique présentée n'aura naturellement aucune chance d'être entendue si elle ne s'appuie sur une situation de fait lui conférant un caractère légitime. Ce sont ces circonstances, exceptionnelles et graves, qui permettront éventuellement aux magistrats confrontés à des principes juridiques contradictoires de faire prévaloir l'un plutôt que l'autre, autorisant ou interdisant ainsi à l'action entreprise de prospérer.
Les juges ont le pouvoir d'apprécier souverainement les faits qui leur sont soumis. L'humanité peut ainsi espérer faire son entrée dans les prétoires. Pour en épouser la cause, les magistrats disposent d'une impressionnante marge de manoeuvre juridique. Le recours à certains grands textes fondateurs leur permettra de donner une base légale aux décisions par lesquelles ils viendraient à autoriser des demandes de mort volontaire.
Le fait que des nations comme la Belgique ou les Pays-Bas aient pu adopter des lois favorables à l'euthanasie permet de le penser.
Ces pays sont en effet soumis à des constitutions comparables à la nôtre. Ils ont ratifié les mêmes conventions et traités internationaux que la France. Ces constitutions, traités et conventions se trouvent au sommet de la hiérarchie des normes juridiques de toutes les démocraties occidentales. Aucune loi appelée à intégrer leur droit interne ne peut donc être votée sans être conforme à ces textes. C'est ce que l'on nomme le principe de constitutionnalité des lois. Or la Belgique et les Pays-Bas ont fait évoluer leur législation sans y contrevenir. Les textes "fondateurs" ne prohibent donc pas l'euthanasie active.
Libre à tous les justiciables de s'en prévaloir, libre à tous les magistrats de le reconnaître, libre à toutes les nations qui le souhaitent de se doter d'une législation la dépénalisant.

Le caractère sacré de la vie n'est que relatif

L'article 3 de la Déclaration Universelle des Droits de l'Homme[88] reconnaît à tout individu *"droit à la vie, à la liberté et à la sûreté de sa personne"*. Ce texte parle de droit, non d'obligation : s'il dit que la vie est un droit, il ne dit pas que la vie est une obligation. Personne n'est "obligé à la vie".
La Cour Européenne, nous l'avons vu, a refusé de suivre l'argumentation présentée par Diane Pretty sur ce point. Cette jurisprudence (qui comme toute jurisprudence n'est qu'une jurisprudence, c'est-à-dire frappée au coin du provisoire) a fait l'objet de nombreuses critiques. Retenons celle-ci : *"En soutenant que "le droit à la vie" ne saurait être interprété comme "le droit de mourir" sous peine de "distorsion de langage", les Hauts magistrats ont précisément commis un abus de langage : le "droit" à la vie n'est pas "l'obligation" de vivre. La preuve : le suicide est légal. En outre, s'il faut faire du juridique, on peut remarquer que le droit fondamental est de pouvoir disposer librement de ce qu'on possède. Donc le droit de s'en défaire."*[89]

En légiférant sur le droit à l'avortement, les parlementaires français affirmèrent en son temps, de manière beaucoup plus nette encore, la relativité de ce principe.
Le Conseil Constitutionnel ne s'opposa pas à la dérogation portée par la loi Veil au caractère sacré de la vie. Il considéra que ce texte n'était pas en contradiction *"avec les principes fondamentaux de la République"*, dans la mesure où cette loi n'admettait *"qu'il soit porté atteinte au respect de tout être humain dès le commencement de sa vie qu'en cas de*

---

[88] Adoptée par l'Assemblée Générale des Nations-Unies dans sa résolution 217 A (III) du 10 décembre 1948.

[89] Daniel Rocher, "La mort confisquée", *La Gazette du Palais*, 19-20/06/2002.

nécessité et selon des conditions limitées et définies."[90]
En matière d'interruption volontaire de vie, il n'en irait pas autrement.

Le respect de la dignité dû à chaque individu est absolu

"*La reconnaissance de la dignité constitue le fondement de la liberté, de la justice et de la paix dans le monde.*"[91]
Ce principe a trouvé sa traduction dans notre droit interne. "*La loi,* indique le Code Civil en son article 16, *assure la primauté de la personne, interdit toute atteinte à la dignité de celle-ci et garantit le respect de l'être humain dès le commencement de la vie.*"
Chacun peut donc se prévaloir tout au long de sa vie, et par conséquent jusqu'à sa fin, de sa dignité qui elle-même se définit comme le respect dû à l'être humain et à sa liberté dont elle est le fondement. L'appréciation que l'on peut s'en faire répond certes à des critères objectifs, communs à l'ensemble de l'humanité, mais également à des critères subjectifs, chacun, en ce qui le concerne, étant *in fine* juge de ce qui participe à sa propre dignité. La dignité est une notion subjective.
Curieusement cependant, nos textes font preuve d'une étonnante timidité dans les conséquences qu'ils tirent de cette notion pourtant fondamentale. Ainsi, pour notre Code Pénal, les "atteintes à la dignité humaine" sont cantonnées à la répression de certaines conditions de travail et d'hébergement imposées par des loueurs de locaux insalubres ou par des employeurs contraignant leurs salariés à des horaires excessifs

---

[90] Conseil constitutionnel, décision du 15/01/1975.
[91] Préambule de la Déclaration Universelle des Droits de l'Homme.

sans rémunération convenable[92]... On ne saurait naturellement se satisfaire d'une vision de la dignité humaine à ce point étroite.

Le suicide est une liberté

Avec la dignité, la liberté est le second pilier sur lequel s'appuie la condition humaine. Elle se définit comme la capacité de pouvoir faire tout ce qui ne nuit pas à autrui.
Le droit à la liberté de pensée, de conscience, d'expression et d'opinion est reconnu comme un principe fondamental[93]. L'article 2 de la Déclaration des Droits de l'Homme qualifie la liberté personnelle de chacun d'entre nous d'inaliénable.
Corollaire de ces libertés affirmées, chacun dispose du droit de mener sa vie privée et familiale comme il l'entend[94].

Il est parfaitement clair que toute dérogation à des principes aussi fortement affirmés ne peut s'analyser (et s'interpréter) que de façon restrictive.
Ces exceptions[95] peuvent se résumer ainsi :

---

[92] Cf. articles 225-13 à 225-16.

[93] Cf. notamment les articles 18 et 19 de la Déclaration Universelle des Droits de l'Homme et les articles 9 et 10 de la Convention Européenne des Droits de l'Homme.

[94] Cf. l'article 8 de la Convention Européenne des Droits de l'Homme, l'article 12 de la Déclaration Universelle des Droits de l'Homme (*"Nul ne sera l'objet d'immixtions arbitraires dans sa vie privée"*) et l'article 9 de notre code civil (*"Chacun a droit au respect de sa vie privée"*).

[95] -*"Dans l'exercice de ses droits et dans la jouissance de ses libertés, chacun n'est soumis qu'aux limitations établies par la loi exclusivement en vue d'assurer la reconnaissance et le respect des droits et libertés d'autrui et afin de satisfaire aux justes exigences de la morale, de l'ordre public et du bien-être général dans une société démocratique"* (article 29 de la Déclaration Universelle des Droits de l'Homme).

- Seule la loi peut venir restreindre l'exercice d'une liberté.
- La loi ne peut restreindre l'exercice d'une liberté que dans certains cas, limitativement définis, au premier rang desquels on trouve le fait de porter atteinte aux droits d'autrui.

Or :

- Aucune loi ne vient prohiber le suicide.
- Juridiquement, le suicide ne porte pas atteinte aux droits ni aux libertés d'autrui. Lorsqu'un "grand infirme, un grand vieillard ou un grand malade" dit préférer la mort à la survie, à supposer qu'il se nuise, il ne nuit alors, sauf cas exceptionnel, qu'à lui-même. Le suicide est donc une liberté et un droit proclamé et reconnu, qu'on le veuille ou non.

Robert Badinter, alors ministre de la Justice, s'écriait devant le Sénat lors de la discussion sur la proposition de loi Dailly réprimant la "provocation" au suicide : *"Une position philosophique fondamentale demeure constante dans notre société : le suicide, c'est à dire disposer de sa vie, constitue un droit inaliénable de l'individu (...) Ce droit est l'expression de la liberté fondamentale de l'homme."*[96]

Faisant écho à ces propos, unanimes sont les décisions de justice reconnaissant dans le fait de mettre volontairement fin

---

- *"la liberté consiste à pouvoir faire tout ce qui ne nuit pas à autrui : ainsi, l'exercice des droits naturels de chaque homme n'a de bornes que celles qui assurent aux autres membres de la société la jouissance de ces mêmes droits. Ces bornes ne peuvent être déterminées que par la loi". "La loi n'a le droit de défendre que les actions nuisibles à la société. Tout ce qui n'est pas défendu par la loi ne peut être empêché et nul ne peut être contraint à faire ce qu'elle n'ordonne pas"* (articles 4 et 5 de la Déclaration des Droits de l'Homme et du Citoyen).
- *"Il ne peut y avoir ingérence d'une autorité publique que pour autant que cette ingérence est prévue par la loi et qu'elle constitue une mesure qui, dans une société démocratique, est nécessaire à la sécurité nationale, à la sûreté publique, au bien-être économique du pays, à la défense de l'ordre et à la prévention des infractions pénales, à la protection de la santé ou de la morale, ou à la protection des droits et libertés d'autrui"* (article 8 de la Convention Européenne des Droits de l'Homme relatif à la limitation du droit au respect de la vie privée).

[96] Journal Officiel, Sénat, 9 juin 1983, p. 1522.

à ses jours *"l'expression d'une volonté jaillie du tréfonds intime d'une personne libre et responsable"*[97] ou encore *"l'exercice d'une liberté née du tréfonds intime et secret de la seule personnalité de son auteur (..) ne faisant l'objet d'aucune incrimination légale."*[98]
Jean-François Mattei lui-même, commentant la disparition volontaire de Mireille Jospin à l'âge de 92 ans, devait déclarer : *"Le suicide est une liberté. Je respecte complètement son choix et je ne porte pas de jugement"*. Il croyait cependant devoir préciser : *"Il ne s'agit pas d'euthanasie"*. Certes, d'un point de vue formel, sur le plan du vocabulaire, il ne s'agissait pas d'euthanasie. Mireille Jospin s'était donnée la mort elle-même parce qu'elle en avait encore les moyens. Mais sur le fond, dans son esprit (et dans celui de la personne qui lui en avait fourni les moyens), il s'agissait bien évidemment, n'en déplaise au ministre de la Santé du gouvernement Raffarin, d'un geste euthanasique[99].

L'assistance et l'aide au suicide sont licites

Le Code Pénal ne réprime et ne sanctionne[100] que la "provocation au suicide", c'est à dire le comportement de celui qui inciterait, inviterait, pousserait un tiers à se suicider en le lui suggérant avec une telle force et en exerçant de telles

---

[97] Tribunal de Grande Instance, Paris, 25/01/1984.

[98] Tribunal de Grande Instance, Paris, 23/01/1985, Dalloz 1985, 418.

[99] Mireille Jospin avait laissé un courrier dans lequel elle écrivait notamment accomplir son geste *"avant que les détériorations ne s'installent"*. Il est rappelé que la mère de l'ancien premier ministre Lionel Jospin faisait partie du comité de parrainage de l'ADMD.

[100] Article 223-13 : *"Le fait de provoquer au suicide d'autrui est puni de trois ans d'emprisonnement et de 45 000 Euros d'amende lorsque la provocation a été suivie du suicide ou d'une tentative de suicide."*

pressions qu'il finirait par conduire quelqu'un qui ne l'aurait ni profondément, ni sincèrement souhaité à se donner la mort.
Ce texte de circonstance voté en 1987 à l'initiative du sénateur Dailly, sous la pression de l'émotion née de drames[101] liés à la publication en 1982 du livre *Suicide, mode d'emploi*[102], fut l'occasion de discussions parlementaires serrées permettant d'en appréhender l'esprit et d'en mesurer sans risque d'erreur la portée restrictive. Selon le rapporteur de cette proposition de loi devant l'Assemblée Nationale, le législateur, en votant ce texte, n'entendait pas *"réprimer le suicide, qui est une affaire d'ordre personnel, mais seulement sanctionner le fait d'un tiers qui affecterait l'autonomie personnelle de la personne visée en transformant par son action, ses pressions, son influence, une personne libre en victime."*[103] En d'autres termes, *"l'application de ce texte répressif semble supposer que la provocation s'est exercée sur une personne particulièrement suggestible, tel qu'un adolescent ou un individu présentant une certaine vulnérabilité psychique ou physique."*[104]
Cette incrimination ne saurait donc nullement concerner les personnes qui auraient sollicité aide et assistance pour mettre fin à leurs jours dans le cadre d'une réflexion personnelle longuement mûrie.

Cela est confirmé par le fait que, primitivement, la proposition de loi visait à pénaliser, non seulement la provocation, mais

---

[101] Selon le sénateur Dailly, plusieurs personnes, et notamment des jeunes gens, s'étaient données la mort en mettant en pratique les "recettes" mentionnées dans ce livre (Rapport Dailly, Doc. Sénat, session 1982-1983, page 3).

[102] *Suicide mode d'emploi,* Claude Guillon, Yves le Bonniec, Éditions Alain Moreau, 1982.

[103] Rapport Mamy, Assemblée Nationale, session 1987-1988, N° 999, page 8.

[104] Juris-Classeur Pénal, article 223-13 à 223-15, page 8.

également “l’incitation et l’aide au suicide”[105]. Ces deux expressions ayant été expressément rejetées au cours des débats parlementaires, il est parfaitement clair que seule la provocation au suicide, en son sens le plus fort et le plus strict, fait aujourd’hui l’objet d’une prohibition. Aucun texte, aucune loi ne répriment donc le comportement de celui qui fournirait son aide ou son assistance à une personne ayant sans ambiguïté manifesté sa volonté de mettre fin à ses jours. Pour sanctionner tout de même un tel comportement, certains magistrats du Parquet ont parfois tenté d’engager des poursuites en faisant appel à la notion d’homicide involontaire, ou encore à celle d’abstention volontaire de porter secours à personne en péril. En vain. Le droit pénal est d’interprétation stricte et les tribunaux, quelle que soit la qualification proposée, se refusent à cautionner des analyses juridiques tentant de détourner le sens de ces incriminations pour les adapter à des situations totalement étrangères à leur objet.

En définitive, sur ce plan, la législation française apparaît paradoxalement comme plus libérale que bien des législations étrangères. Ainsi la loi anglaise prévoit-elle que *“toute personne qui facilite, encourage, recommande ou organise le suicide ou une tentative de suicide d’un tiers est passible d’une peine d’emprisonnement au plus égale à quatorze ans”*. C’est la raison pour laquelle Diane Pretty s’était trouvée dans l’obligation de saisir la justice pour demander que son époux ne soit pas poursuivi dans l’hypothèse où il lui fournirait les moyens de mettre fin à ses jours. En France, si Diane Pretty avait été en mesure d’absorber elle-même la potion qu’elle réclamait, à supposer qu’elle soit parvenue à se la procurer, comme dans le cas de Ramon Sampredo ou de Jean-Marie Lorand, son époux n’aurait pas pu faire l’objet de poursuites pénales.

---

[105] Sénat, session 1982-1983, n° 339.

La France se trouve *de facto* dans une situation similaire à celle de la Suisse, où l'assistance au suicide n'est prohibée que dans la mesure où elle serait fournie pour des raisons illégitimes, pour des mobiles qualifiés "d'égoïstes"[106]. Raisonnant *a contrario,* les tribunaux helvétiques en ont conclu qu'une telle aide est licite si elle est désintéressée, illustrant par la-même les capacités de la jurisprudence à étendre le champ d'application des textes qu'elle doit interpréter. C'est en toute légalité qu'une association comme "Dignitas" met à la disposition de ses adhérents les moyens nécessaires pour en finir avec leur souffrance, à partir du moment où, compte tenu de leur situation médicale, l'un des médecins de l'association a accepté de prescrire l'ordonnance nécessaire[107] et l'on ne voit pas très bien, juridiquement, les raisons qui pourraient s'opposer, en France, à la création d'une association poursuivant de semblables objectifs.
Fournir au grand malade ou au grand vieillard qui le souhaite, en a clairement fait la demande, les moyens nécessaires à la réalisation de son suicide, l'aider et l'assister dans la réalisation de son projet en le conseillant, en lui procurant les substances nécessaires, en demeurant présent à ses côtés jusqu'à son décès, n'est pas pénalement répréhensible. Cela n'est pas interdit. Par voie de conséquence, cela est autorisé. Notre jurisprudence a d'ores et déjà avalisé ce principe : quelle que soit la manière dont l'aide a été fournie, la complicité de suicide n'est pas punissable, le fait principal, le suicide, ne l'étant pas lui-même. Dans une décision célèbre, le

---

[106] Cf. article 115 du Code pénal suisse.

[107] "*Pour recevoir le pentobarbital sodique, les règles sont strictes. Il faut souffrir d'une maladie incurable, être en possession d'un certificat médical prouvant que l'issue est fatale et obtenir une ordonnance pour le médicament. À cela s'ajoute de nombreux entretiens, afin que l'accompagnateur puisse s'assurer du profond désir d'en finir.*" *Courrier International*, n°590, février 2002. Sur ce sujet, cf. l'analyse précise de François de Closets, *La Dernière liberté*, op.cit, pages 282-283. Cf. également, *Le Monde,* 8/02/2003

Tribunal Correctionnel de Lisieux jugeait très logiquement dès 1937 que *"le suicide n'étant pas un fait criminel ou délictueux, celui qui y a concouru (...) en fournissant un moyen de le commettre ou même par aide ou assistance n'encourt aucune peine."*[108]

L'interdiction faite à un tiers d'intervenir activement dans l'accomplissement d'un geste suicidaire ne résulte que de la jurisprudence

Commentant la décision du Tribunal de Lisieux, le Juris-Classeur Pénal prend soin de prévenir ses lecteurs "*de se garder de confondre la complicité, consistant par exemple à procurer au candidat au suicide les moyens de mettre fin à ses jours, avec le fait d'accéder à la demande d'un désespéré en lui donnant soi-même la mort. (...) Donner la mort à une personne, à sa prière ou sur son ordre exprès, même constaté par écrit, constitue, la loi ne légitimant pas l'euthanasie, non une complicité de suicide non punissable, mais un meurtre qui n'est pas excusé par la loi."*[109]
Pour le droit français, celui qui viendrait à mourir dans de telles conditions, quelles que fussent ses volontés, doit être considéré comme une "victime", et celui qui aurait fait droit à sa demande comme un criminel devant être jugé du chef d'assassinat par une Cour d'Assises. Le droit français ne considère pas que le "consentement de la victime" puisse constituer un fait justificatif.
Il ne s'agit là cependant que d'une construction jurisprudentielle. Le Code Pénal ne contient en effet aucun article mentionnant que le consentement de la victime ne

---

[108] Cité dans le Juris-Classeur pénal, op. cit. page 8.
[109] Juris-Classeur Pénal, art. 221-1 à 221-5, p. 9 et 10.

saurait, ou non, constituer un fait justificatif. La loi est muette sur ce point. Ce sont les magistrats de la Chambre Criminelle de la Cour de Cassation qui, au XIX° siècle, ont voulu imposer le principe suivant : *"les lois qui protègent la vie des hommes sont d'ordre public et aucune volonté particulière ne saurait absoudre ou rendre licite un crime contre les personnes."*[110]

Depuis lors, pour prendre la décision d'engager des poursuites, aucune différence n'est faite entre le cas d'une personne acceptant d'aider à mourir un grand malade qui en aurait fait expressément la demande sans conserver la capacité d'y procéder lui-même, et celui d'un individu qui viendrait à assassiner son voisin pour des motifs crapuleux. En l'état de notre jurisprudence, c'est le même texte répressif qui reçoit application dans l'un et l'autre cas.
Pour décider d'une mise en examen, la justice française ne s'intéresse pas aux mobiles de l'auteur de l'acte. Les raisons qui ont motivé son geste ne seront appréciées par les tribunaux qu'au stade du jugement. Ce n'est qu'à ce moment là que la justice dira s'il y a lieu de prononcer une condamnation, et, dans l'affirmative, si des circonstances atténuantes peuvent être retenues.
Dans l'affaire Malèvre, le Procureur avait fait application de ce principe. Son réquisitoire prenait soin de distinguer l'intention du mobile. *"L'intention,* écrivait-il, *réside dans la conscience d'accomplir l'acte illicite, (...) la volonté de provoquer la mort. L'infraction est constituée dès lors qu'il existe un acte volontaire de violence et peu importe le mobile qui l'a inspiré. Les mobiles qui ont animé l'auteur, fussent-ils respectables voire altruistes sont indifférents pour la constitution du crime. (...) Les mobiles ne sont considérés que dans le cadre de l'appréciation de la peine."*
Lorsque les jurés des Cours d'Assises sont amenés à juger de

---

[110] Cass. Crim. 16/11/1827 : Bull. Crim., n° 284.

tels drames, hors le cas très particulier de Christine Malèvre, ils ne sont généralement pas confrontés à des difficultés intellectuelles majeures pour absoudre des comportements trouvant leur justification dans des douleurs et des souffrances humaines insupportables et effectivement intolérables. Le mobile ayant généré l'acte étant manifestement dépourvu de toute intention criminelle, les verdicts d'acquittement ou les peines de principe constituent la règle. Mais que de souffrances supplémentaires inutiles avant d'en arriver là !

Le paradoxe (ou la subtilité, ou l'hypocrisie) de notre jurisprudence actuelle peut s'illustrer de la manière suivante : la personne qui fournirait les moyens de mettre fin à ses jours à un grand malade le demandant de manière “sincère, déterminée et répétée”, lui apporterait les produits nécessaires, préparerait la potion “ad hoc”, la verserait dans un verre, poserait le verre sur la table de chevet, apporterait la paille nécessaire à l'absorption du breuvage et tiendrait dans le creux de ses bras celui qu'il accompagnerait dans ce dernier instant, ne pourrait faire l'objet de poursuite pénale dans la mesure où celui qui aspire à mourir dispose de la capacité d'absorber lui-même la potion létale.

En revanche, si ce grand malade n'est plus en mesure d'accomplir ce dernier geste, étant alimenté par une sonde ou ayant sombré dans l'inconscience, la personne qui accepterait de lui prêter assistance de manière active en procédant à une injection létale pourrait être mise en examen pour assassinat. De ce point de vue, que ce soit en faveur de Diane Pretty ou de Vincent Humbert, en France ou en Grande-Bretagne, ni le mari de la première ni la mère du second n'avaient la possibilité de leur venir en aide sans encourir le risque de se retrouver poursuivis, ni Diane ni Vincent n'étant en mesure d'absorber eux-même la potion qui leur aurait permis de mourir comme ils le souhaitaient.

Continuer d'analyser l'aide active à mourir comme un meurtre alors qu'il s'agit dans de telles circonstances, de toute évidence, d'une complicité licite à un suicide rendu impossible par l'état physique du malade est une jurisprudence anachronique.

Les juges disposent des moyens juridiques nécessaires pour la faire évoluer.

Le Code pénal considère la commission d'une infraction "sous l'empire d'une force ou d'une contrainte irrésistible" comme une cause d'irresponsabilité pénale[111]. En s'appuyant sur ce texte, les magistrats peuvent opérer un revirement de jurisprudence et admettre que, dans certaines circonstances, respecter la demande d'aide active à mourir formulée par un grand malade constitue, pour le tiers qui accepte de prêter son concours, un cas de force majeure et une contrainte morale à laquelle il n'est pas humainement possible de résister : la force de la "compassion face à l'inéluctable."[112]

Il existe un autre argument permettant d'espérer une modification prochaine de notre vieille jurisprudence. Ce moyen fut utilisé sans succès par Diane Pretty devant la Cour européenne. Il consiste à dire que le fait de refuser l'assistance d'un tiers aux grands infirmes dans l'incapacité de se suicider par eux-même engendre une discrimination[113] portant atteinte au principe d'égalité des citoyens.

Le droit au suicide étant légalement reconnu, "inaliénable" pour reprendre le terme utilisé par Robert Badinter, leur refuser l'assistance d'un tiers entraîne manifestement l'existence d'une discrimination, n'en déplaise, pour le moment, aux juges européens. À l'évidence, comme Diane

---

[111] Cf. art. 122-2 : *"N'est pas pénalement responsable la personne qui a agi sous l'empire d'une force ou d'une contrainte à laquelle elle n'a pu résister."*

[112] Expression utilisée par le CCNE pour reconnaître le recours à l'exception d'euthanasie.

[113] Cf. article 14 de la Convention européenne des droits de l'homme : *"La jouissance des droits et libertés reconnus dans la présente convention doit être assurée, sans distinction aucune."*

Pretty, Vincent Humbert a souffert pendant de longs mois de cette discrimination.

Plus généralement, au-delà de la frontière séparant les citoyens valides des citoyens invalides, la discrimination en la matière est, de fait, beaucoup plus répandue qu'on ne l'imagine. Ici comme ailleurs, comme le notait Georges Orwell, *"certains sont plus égaux que d'autres"*.[114]
Comme ce fut le cas en France avant la légalisation de l'avortement, quelques-uns prennent le chemin de l'étranger, et notamment de la Suisse[115], pour avoir la possibilité de mettre fin à leurs jours. Ce n'est, à ce stade, qu'une simple question de moyens financiers[116]. De la même façon, selon les situations sociales[117], certains semblent parvenir sans difficulté à se procurer des cocktails lytiques[118] sophistiqués alors que d'autres en sont réduits à mettre fin à leurs jours dans des

---

[114] Georges Orwell, *La Ferme des animaux.*

[115] Deux associations, "Exit" et "Dignitas" permettent à des centaines de patients atteints de maladies incurables d'y mourir chaque année.

[116] Les moyens financiers nécessaires s'entendent des nécessaires voyages en Suisse, du coût des transports en ambulance etc., ces associations n'ayant bien entendu aucun but lucratif. L'adhésion à Dignitas n'est que de 25 francs suisses. Dignitas compte 2 500 membres dont 80 % sont originaires d'un autre pays que la Suisse. *Le Monde,* 8/02/2003.

[117] Cf. l'étonnement suscité en Allemagne par la facilité avec laquelle Hannelore Kohl, épouse de l'ex-chancelier, souffrant d'une grave maladie de la peau, a pu disposer des produits nécessaires pour mettre fin à ses jours en juillet 2001.

[118] Le cocktail lytique ou DLP est composé d'un mélange de drogues calmantes et antalgiques (Dolosal, Largactyl et Phenergan) diluées dans un sérum glucosé isotonique à 5%. Il existe d'autres mélanges alliant notamment morphine et barbituriques et d'autres substances, telles que le chlorure de potassium. Le réseau NuTech (Self Deliverance New Technology Group = groupe pour les nouvelles technologies d'autodélivrance) travaille sur la recherche de technologies permettant des suicides "fiables et non assistés".

conditions épouvantables. Nous nous trouvons alors en présence d'une sorte de "mort à deux vitesses", totalement inadmissible, et néanmoins admise dans un silence général.
Évoquant les raisons pour lesquelles Mireille Jospin avait souhaité donner une dimension médiatique à sa disparition volontaire en laissant une lettre publique et posthume à l'intention des 30 000 adhérents de l'ADMD, Pierre Georges, dans sa chronique quotidienne du *Monde*, voyait à juste titre dans sa démarche son souci de rappeler que, si elle avait eu la chance de pouvoir réaliser son souhait, il importait d'attirer l'attention sur le cas de *"tant d'autres qui, sur leur lit de souffrance ou en leur flétrissement interminable, ne l'ont pas, ce choix, afin qu'ils puissent l'avoir."*[119]

Le législateur se calfeutrant dans son silence et sa frilosité, seule une évolution de la jurisprudence à laquelle, en droit, rien ne fait obstacle de manière absolue, est pour l'heure de nature à faire disparaître ces incohérences et ces iniquités.

L'article 38 du code de déontologie ne constitue pas un obstacle dirimant à une aide médicale active à mourir

Si, juridiquement, le fait de se trouver ou non en capacité de se donner soi-même la mort constitue pour celui qui apporterait son concours à la réalisation de cet acte la ligne de partage des eaux entre le versant de l'impunité et celui de l'incrimination, un problème demeure commun aux deux situations : comment disposer des moyens nécessaires pour ne pas avoir recours à des méthodes barbares, traumatisantes et

---

[119] *Le Monde*, 14/12/2002.

violentes[120] ? Comment accéder à une mort tranquille en éliminant tous les risques liés à des suicides ratés ? Comment, très concrètement, se procurer les produits nécessaires à l'accomplissement d'un tel acte ?
À ces questions, une seule réponse : en bénéficiant d'un concours médical actif.

À première vue, les médecins qui, en conscience, accepteraient d'intervenir ne paraissent pas être en mesure de le faire. Le code de déontologie médical semble le leur interdire et notamment son article 38 ainsi rédigé :
"*Le médecin doit accompagner le mourant jusqu'à ses derniers moments, assurer par des soins et mesures appropriés la qualité d'une vie qui prend fin, sauvegarder la dignité du malade et réconforter son entourage. Il n'a pas le droit de provoquer délibérément la mort*".
Cette dernière phrase doit être resituée dans son environnement. Le code de déontologie pose en effet comme principe tout aussi absolu que l'interdiction de "provoquer délibérément la mort", le nécessaire consentement du malade aux soins de toute nature qui peuvent lui être prodigués[121].

---

[120] Pour se suicider, les hommes de plus de 75 ans (dont le taux de suicide est six fois plus élevé que dans la tranche d'âge 15-24 ans) ont recours à la pendaison (45 % des cas), aux armes à feu (27,5 %), au saut dans le vide (8%), à la noyade (7,8 %), et à l'empoisonnement (3,3 %). Les femmes se pendent dans 34,3 % des cas, se noient (23,6 %), se précipitent dans le vide (14 %), s'empoisonnent (15,9 %), et ne se servent qu'exceptionnellement d'une arme à feu (1,9 %). Chiffres cités par François de Closets, *La Dernière liberté*, op.cit, page 269.

[121] Cf. article 36 : *"Lorsque le malade, en état d'exprimer sa volonté, refuse les investigations ou le traitement proposés, le médecin doit respecter ce refus après avoir informé le malade de ses conséquences".* Dans l'hypothèse où le malade n'est pas en état de s'exprimer, la problématique est la même, le médecin étant alors tenu de demander aux proches le contenu de ses éventuelles volontés. Cf. infra.
Ce principe ne souffre aucune exception : ainsi en cas d'hospitalisation décidée en urgence pour des raisons graves, dans une situation

Commentant cette dernière exigence, le conseil national de l'Ordre des médecins indique :

> *"Le malade a le droit d'accepter ou de refuser ce que le médecin lui propose et non lui impose. Cette liberté du malade est une exigence éthique fondamentale. (...) Le fait d'intervenir sur un patient contre son consentement est pour un médecin une faute déontologique qui engage sa responsabilité civile et l'expose à une sanction disciplinaire. (...) Si le malade refuse ce qui lui est proposé, le médecin ne doit pas se satisfaire d'un avis donné de manière éventuellement expéditive. Il doit éclairer plus complètement le patient sur les conséquences d'un tel refus et tenter de le persuader que cette position est contraire à ses intérêts. (...) Il doit tout faire pour convaincre, proposer qu'on prenne un autre avis, appeler un consultant, insister encore. Cependant,* ***si malgré ces efforts nécessaires de persuasion, le malade persiste dans son refus, celui-ci doit être respecté.*** *Exceptionnellement le médecin sera alors amené à se retirer, mais nécessairement après en*

---

d'improvisation et de confusion qui n'est pas toujours propice à la délivrance d'un consentement serein et éclairé, les précautions à prendre par l'équipe soignante hospitalière pour s'assurer de la réalité du consentement du patient doivent être encore plus grandes, souligne le Conseil de l'Ordre en rappelant aux médecins hospitaliers qu'ils doivent *"fournir aux malades les explications nécessaires, afin d'être assurés de leur adhésion aux soins prévus. Parfois le consentement du malade est un peu trop vite considéré comme acquis, au point que son opposition, si elle se manifeste, scandalise plus ou moins et prend l'allure d'une incongruité. S'il exprime des réticences vis-à-vis du traitement (...), le médecin n'a pas toujours le temps, la patience de lui expliquer et de le convaincre, ce qui est regrettable et doit être évité. Ces explications sont d'autant plus recommandables que le malade se trouve assez souvent pris par une obligation de fait de donner son consentement parce qu'il ne voit pas pour lui d'alternative. L'alternative doit toujours exister et lui être signalée. Quand le malade est réticent, il ne faut pas hésiter à lui faciliter l'accès à un consultant pour un "deuxième avis" et faire appel à son médecin traitant, avec lequel il décidera".*

> *avoir averti le patient et en assurant une continuité des soins,* ***comme le souhaite le malade****, pour que ce dernier ne soit d'aucune manière abandonné."*

Le dernier mot appartient donc au malade. Mais ce dernier mot, le malade serait-il cantonné, condamné à le prononcer en faveur des soins palliatifs[122]?

Si l'accès à ces derniers sont (théoriquement) un droit[123], ils n'ont bien évidemment aucun caractère obligatoire. Et d'ailleurs, à supposer que le malade revendique cet accès, comment faire lorsqu'il refuse la manière dont lui sont dispensés ces soins ou leur niveau d'intensité ?

À peine d'introduire la notion "d'acharnement palliatif", il paraîtrait totalement réducteur de limiter le champ décisionnel du patient à une médecine dont l'efficacité est tempérée par des questions de financement et dont tout le monde est aujourd'hui d'accord pour reconnaître qu'elle ne saurait constituer une panacée ni apporter une réponse à tous les problèmes d'inconfort, de douleurs, de dégradations

---

[122] *"Les soins palliatifs visent à soulager la douleur, à apaiser la souffrance psychique, à sauvegarder la dignité de la personne malade et à soutenir son entourage"* (article L. 1111-3).

[123] *"Toute personne malade dont l'état le requiert a le droit d'accéder à des soins palliatifs et à un accompagnement"* (article L. 1111-3 du Code de la Santé Publique). Article L. 1112-4 : "*Les établissements de santé, publics ou privés, et les établissements médico-sociaux mettent en oeuvre les moyens propres à prendre en charge la douleur des patients qu'ils accueillent et à assurer les soins palliatifs que leur état requiert, quelles que soient l'unité et la structure de soins dans lesquelles ils sont accueillis."* Cependant la France ne comptait en 2001 que 770 lits permettant de dispenser des soins palliatifs... Cf. Isabelle Marin, *Justices*, op. cit. Selon François de Closets, pour répondre aux besoins, il faudrait disposer de 15 000 lits. Cf. *La Dernière liberté*, p. 165. Compte tenu de l'insuffisance des structures en ce domaine dans notre pays, il peut donc s'avérer impossible d'y recourir dans des conditions satisfaisantes. Il sera alors possible de se prévaloir de cette carence pour exiger, "de plus fort", la reconnaissance du droit à mourir revendiqué.

physiques et d'angoisses auxquels un malade peut se trouver confronté.
Le mirage des soins palliatifs, trop souvent présentés comme la seule réponse autorisée pour assurer le respect de l'obligation d'apaisement des souffrances pesant sur le médecin, cultive l'art de la litote. Chacun le sait. Dans certains cas, la lutte contre la douleur conduit nécessairement à l'utilisation de substances (sédatifs, antalgiques, analgésiques) à des doses qui finissent par abréger l'existence du malade. La logique même des soins palliatifs amène inévitablement à des pratiques euthanasiques actives[124]. C'est d'ailleurs la raison pour laquelle l'opposition souvent faite entre euthanasie et soins palliatifs n'a aucun sens. Ces deux formes d'intervention sont parfaitement complémentaires et *in fine* se rejoignent. Comme le disait un médecin hospitalier au procès de Christine Malèvre : *"il y a bien un moment où il faut que la barbarie cesse."*

Dans ce contexte, quelle portée accorder à la dernière phrase de l'article 38 selon laquelle *"le médecin n'a pas le droit de provoquer délibérément la mort"* alors que le Code de

---

[124] Ce que constate avec lucidité le philosophe belge Philippe Van Parijs dans un article paru dans *La libre Belgique* lorsqu'il écrit : *"Nous mourrons tous euthanasiés ou presque tous. N'y échapperont guère que ceux d'entre nous qui mourront sous le coup d'une mort violente et ceux qui bénéficieront de l'acharnement thérapeutique le plus extrême. Hormis ces exceptions, il sera correct de dire, au chevet de notre cadavre encore chaud, que, si des tiers n'avaient pas délibérément fait quelque chose ou délibérément omis de faire autre chose qu'ils auraient parfaitement pu faire, notre mort aurait pu être retardée. Parfois seulement de quelques heures. Souvent de quelques semaines, voire de plusieurs années. En ce sens là, nous serons morts euthanasiés." Courrier international*, n° 590, février 2002.
La biologiste Odette Thibault ne dit pas autre chose : *"Plus on progressera dans la prolongation de la vie et plus la mort résultera d'une décision de médecin. À la limite, nous serons tous euthanasiés". La Maîtrise de la mort*, Éditions universitaires, 1975.

déontologie ne cesse de rappeler partout ailleurs, inlassablement, les exigences suivantes : soulager la douleur, apaiser la souffrance psychique, sauvegarder la dignité du malade, respecter sa volonté ?
Cette phrase, la seule, la dernière, en contradiction dans certaines situations avec tout ce qui précède, place le médecin dans une position impossible.
Il n'est d'ailleurs pas dit : *"Le médecin n'a pas le droit de provoquer la mort"*, il est dit : *"Le médecin n'a pas le droit de provoquer délibérément la mort"*, ce qui n'est pas exactement la même chose. De la même façon, la charte des soins palliatifs prend soin de prohiber *"toute action ayant pour dessein de mettre fin à la vie du malade"* et non *"toute action qui met fin à la vie du malade"*. François de Closets voit là avec raison *"beaucoup plus qu'une subtilité linguistique."*[125]

Lorsque les contradictions deviennent irréductibles, que les principes s'opposent, que les obligations s'entrechoquent, le médecin dispose-t-il d'une marge de manoeuvre ?
Peut-il par exemple fournir à un patient qui aurait des motifs légitimes pour en faire la demande la pharmacopée nécessaire à son suicide ? Pourrait-on dire qu'en agissant ainsi, à supposer que le malade fasse usage des produits ainsi mis à sa disposition, le médecin aurait "délibérément provoqué sa mort" ? Rien n'est moins sûr.
Ne pourrait-on pas même soutenir que cela serait susceptible de constituer un véritable objectif thérapeutique, qu'en agissant ainsi le médecin ne fait que se conformer aux dispositions légales qui lui font obligation d'améliorer le confort de son malade en apaisant sa souffrance psychique tant il est vrai, comme le faisait très justement remarquer Michel Thévoz, que *"le droit à l'euthanasie, ou au suicide, c'est à dire la garantie d'une aide médicale administrée au*

---

[125] Cf., *la Dernière liberté*, op. cit. page 172.

moment décidé par le patient, ou tout au moins la mise à sa disposition des médicaments ad hoc, contribuerait à calmer son angoisse et le dissuaderait peut-être d'anticiper sa décision. On aurait donc tort de considérer la revendication de ce droit comme un encouragement au suicide : il aurait au contraire pour effet de le diminuer statistiquement en en faisant un acte non plus pulsionnel, mais rationnel. "[126]

Ne pourrait-on pas également soutenir que l'obligation de porter secours qui s'impose au médecin comme à tout citoyen peut justifier le fait de procurer à un patient les médicaments nécessaires à son suicide lorsque la mort apparaît comme l'unique moyen d'apaiser ses souffrances ?

Le médecin peut-il mettre en oeuvre des traitements qui auront inévitablement pour corollaire d'aboutir à brève échéance au décès du malade ?

À partir de quel moment, de quel dosage, les soins cessent-ils d'être palliatifs? À partir de quel niveau d'administration atteint-on le stade de l'euthanasie ?

On le sent, la frontière est extrêmement ténue.

Conscient de ces difficultés, le Conseil de l'Ordre écrit :

> *"La démarche éthique en ce domaine est de passer du "paternalisme éclairé" à une véritable "alliance*

---

[126] Michel Thevoz, *Le Monde*, 9/05/1997. Cf. également l'article du Monde en date du 8/02/2003 sur l'association Dignitas. Une adhérente y indique : *"Si je suis toujours vivante, c'est à cause de Dignitas car je sais qu'à n'importe quel moment je peux appeler* (ma référente au sein de l'association) *et qu'elle sera là dans les heures qui suivent* (pour me permettre d'en terminer avec mes souffrances)."

De même, Richard Baron indique que si, en 2002, cinquante-huit patients ont demandé et obtenu des prescriptions létales dans l'État de l'Oregon, seulement trente-huit d'entre eux les ont utilisé. *"Ceux qui décident de ne pas utiliser la prescription,* note-t-il, *en tirent le sentiment de conserver la maîtrise de leur vie, par le seul fait d'avoir le médicament à portée de la main." Le Monde*, 13/10/2003.

> *thérapeutique". En effet, à ce stade de la fin de la vie, le médecin ne peut que* ***permettre un véritable choix*** *au patient et cela par une information complète* ***dans le respect de sa volonté****, dans la mesure où il peut encore l'exprimer* ***ou en tenant compte de celle qu'il a pu antérieurement exprimer****... Reconnaissons qu'il y a une immense différence entre dire à quelqu'un "vous allez mourir" et le laisser dire "je vais mourir".* ***Celui qui dit à un médecin ou à un proche "je vais mourir" reste le sujet de sa vie*** *alors que celui qui s'entend dire "vous allez mourir" devient objet et victime de condamnation".*

Quelle doit être alors l'attitude du médecin en présence de celui qui dit, non pas "je vais mourir", mais "je VEUX mourir" ?

Ne sommes-nous pas, en vérité, à cet instant là, installés dans une querelle byzantine ?

Entre celui qui refuse un traitement susceptible de prolonger son existence et celui qui sollicite une aide pour mourir sans souffrance, quelle est la différence ?

Si la loi est faite pour être respectée, elle est également faite pour être interprétée dans l'intérêt de celui auquel elle s'applique lorsque les circonstances l'exigent.

De même que l'état de nécessité, la légitime défense ou la force majeure peuvent justifier la réalisation de certaines infractions, de même le respect des principes supérieurs de dignité et de liberté doit conduire à une appréciation particulière de textes pouvant *a priori* sembler poser certaines interdictions définitives.

Confronté à des exigences éthiques inconciliables, déchiré entre le devoir moult fois affirmé de respecter les volontés de son malade, de lui "permettre un véritable choix" en ces derniers moments, et l'interdiction qui lui est faite d'accéder à sa demande de suicide assisté, le médecin, outre sa conscience, dispose du regard d'un tiers pour sortir de l'impasse dans laquelle il se trouve : celui du juge.

Un juge peut autoriser un suicide médicalement assisté

Tant que persistera le silence législatif, tant que ne sera pas votée une loi suffisamment large et souple pour autoriser les interruptions volontaires de vie des “grands vieillards, grands malades et grands infirmes” ne se trouvant pas nécessairement dans les situations extrêmes réservées par le CCNE à “l’exception d’euthanasie”, c’est au juge qu’il appartiendra de trancher le noeud gordien.
“Les magistrats n’ont pas le droit d’hésiter, ils doivent arbitrer et leur décision doit apaiser les consciences troublées en conciliant la justice et l’équité” notait déjà à ce sujet Maurice Garçon en 1955.[127]
Au juge de mettre un terme au conflit de loyauté dans lequel le médecin se trouve enfermé en refusant de le laisser à sa solitude face à la décision qu’il doit prendre.
À lui d’apprécier, compte tenu des circonstances, s’il y a lieu ou non de faire une interprétation rigoureuse ou souple des textes dont il dispose.

Il n’y a, il est vrai, que des cas d’espèce. Face à la variété de la vie, à la diversité de la mort, aucun texte ne peut faire l’objet d’une interprétation immuable. Rien n’est simple, rien n’est figé.
Ainsi, nous venons de le voir, un médecin ne peut voir sa responsabilité mise en jeu après le décès de son patient dans la mesure où ce dernier aurait refusé le traitement proposé. Mais, inversement, malgré la règle stipulant qu’intervenir contre le consentement du malade constitue une faute de nature à engager la responsabilité civile du médecin, la

---

[127] Raymond Charles, *Peut-on admettre l’euthanasie ?*, Préface de Maurice Garçon, op. cit.

jurisprudence se refuse à condamner ceux qui l'ont méconnue dans le but de sauver la vie de leurs patients[128]. Confronté à des situations diverses ne pouvant manifestement pas appeler des réponses uniformes, le Conseil d'État a fini par considérer prudemment et sagement qu'entre les deux obligations éventuellement contradictoires auxquelles les médecins doivent faire face, sauver la vie de leur patient et respecter leur volonté, aucune des deux ne saurait en définitive *"prévaloir de manière générale."*[129] De la même façon, n'en doutons pas, les plus hautes juridictions finiront un jour par adopter le même raisonnement en ce qui concerne l'obligation pesant sur les médecins *"de ne pas donner délibérément la mort"*.

Au juge "de base" en conséquence d'engager cette évolution du droit et de dire, au cas par cas, en appréciant souverainement les caractéristiques de la situation humaine qui lui est soumise, si en certaines circonstances le respect de la volonté du malade doit l'emporter, y compris dans le cas où cette volonté va jusqu'à une demande de suicide médicalement assisté, sachant que *"dans des hypothèses extrêmes, où il faut irréversiblement décider, mieux vaut avoir pour soi sa conscience inquiète qu'un confort purement légaliste."*[130]

La liberté du juge est ici totale. Aucun texte formel ne vient l'asservir. Les plateaux de la balance sur lesquels reposent les arguments en présence sont en équilibre.

Pesant sur l'un, le "droit à la vie", l'interdiction faite à quiconque de donner la mort quelle que puisse être la légitimité de son mobile, l'impossibilité pour un médecin de se rendre complice d'un suicide en en fournissant les moyens.

---

[128] Cf. les multiples jurisprudences concernant les transfusions sanguines pratiquées contre leur volonté sur des témoins de Jéhovah.

[129] Conseil d'État, 26/10/2001.

[130] Jean-Pierre Gridel, op. cit.

Pesant sur l'autre, l'absence d'obligation à la vie, le respect absolu dû à la dignité de la personne humaine, la reconnaissance du suicide comme un droit inaliénable, le caractère licite de l'aide au suicide, l'exigence faite au médecin de respecter la volonté de son malade, les conséquences exonératoires reconnues par le droit à l'état de force majeure.
Au juge de déterminer avec humanité les cas où il n'y aurait pas lieu de refuser la mort à celles ou ceux qui, fondant leur demande sur des motifs manifestement légitimes, n'abuseraient ni de leur liberté ni de leurs droits.

Les textes proscrivant et sanctionnant les atteintes à la vie d'autrui, c'est-à-dire les articles du code pénal réprimant le meurtre et l'assassinat, n'ont pas vocation à recevoir application dans les cas où l'absence de toute intention coupable et de tout mobile inavouable auraient été préalablement mis en évidence et judiciairement reconnus. L'homicide tel que le prévoit le code comporte des éléments de cruauté, de passion ou d'intérêt totalement absents dans l'euthanasie. Le code Pénal a pour but de protéger nos vies lorsqu'elles sont menacées par autrui, non de les protéger contre notre volonté lorsqu'elles ne sont menacées par personne.
En attendant le réveil du législateur, la justice ne serait plus saisie *a posteriori*, au hasard des découvertes d'euthanasies clandestines comme cela fut le cas pour Christine Malèvre, mais en amont, comme dans celui de Diane Pretty.
Il serait demandé aux magistrats de constater un état de nécessité ou un cas de force majeure, non plus dans l'obscurité entourant un geste euthanasique d'ores et déjà accompli, mais avant qu'il ne soit effectué, de manière à l'absoudre par anticipation, en pleine transparence.

Les "grands malades, les grands infirmes, les grands vieillards" qui aspirent à une mort tranquille ne disposent quasiment jamais de la possibilité de se fournir en produits "ad hoc" sans

aide médicale et ne sont pas toujours capables, ces produits enfin obtenus, de se les administrer eux-mêmes.
Les juges peuvent autoriser le médecin qui l'accepterait à délivrer l'ordonnance nécessaire à la fourniture des médicaments permettant, sans douleur, de passer de vie à trépas. Ils peuvent également l'autoriser, si son patient n'en est plus capable, à accomplir le dernier geste. En l'absence d'incrimination spécifique de l'aide au suicide, y compris médicale, les juges français ont en main toutes les cartes voulues pour faire, s'ils le veulent, "oeuvre jurisprudentielle".

Le 11 octobre 1972, le Tribunal pour Enfants de Bobigny relaxait une adolescente prénommée Marie-Claire poursuivie pour s'être "procurée l'avortement" au motif que, "pour accomplir l'acte qui lui est reproché", "elle a souffert de contraintes d'ordre moral, familial, social, auxquelles elle n'a pu résister", ouvrant ainsi la voie au vote de la loi Veil sur "l'IVG".
La situation est aujourd'hui comparable en ce qui concerne l'euthanasie.
Les juges peuvent constater l'état de force majeure justifiant que soit donnée une suite favorable aux demandes d'interruption volontaire de vie dont ils pourraient être saisis, ouvrant ainsi la voie au vote de la loi sur "l'IVV" tant attendue, tant espérée.

ANNEXE 1 :
TESTAMENTS DE VIE

Exemple 1

(Modèle proposé par l'ADMD[131]*)*

Je soussigné, ...
membre ADMD n° ...
domicilié ....
jouissant de la pleine capacité de mes droits civiques et de mes facultés mentales, agissant en pleine conscience et en toute liberté,

demande que :

si j'étais dans l'incapacité d'exprimer ma volonté à la suite d'un accident grave ou d'une maladie irréversible touchant à mon intégrité physique et à mes facultés mentales :

1- l'on ne prolonge pas ma vie par des moyens artificiels et que l'on s'abstienne de tout acharnement thérapeutique, conformément à l'article 1 (L.1° c) et à l'article L. 1111-4 du Code de la Santé publique ;

2- l'on m'administre conformément à l'article 1 (L. 1° b) et L.1111-5 du code de la Santé Publique, les médicaments appropriés pour soulager efficacement les douleurs provoquées par la maladie (ou l'arrêt des traitements de

---

[131] Les modèles reproduits en annexe ont été publiés dans le bulletin trimestriel de l'ADMD n° 76 du mois d'août 2000.

survie) même dans le cas où ils pourraient abréger ma vie;

3- l'on me procure une mort douce dans la mesure où je me trouverais en situation de dégradation de mes facultés physiques ou neuropsychiques sans espoir d'amélioration.

Autres directives ou précisions pathologiques :

....

....

....

Conformément à l'article L.1111-6 du code de la Santé Publique, je désigne comme mandataires les personnes de confiance nommées ci-après :

....

....

....

chargées de faire respecter mes volontés et mes droits en mes lieu et place si je suis incapable de les exercer moi-même.

Dès lors, par la présente, je décharge mes mandataires, les médecins et soignants me traitant et mon entourage de toute responsabilité, puisqu'ils agiront de par ma volonté, dans le respect de ma dignité et de mon autonomie.

Fait à .... le .....

Renouvelé à .... le .....

Renouvelé à .... le .....

Exemple 2

(Testament de Vincent T...)

“N’ayant pas la prétention de vaincre la mort ni la maladie, je refuse l’administration de tous soins extraordinaires visant à prolonger ma vie si la mort apparaît inévitable suite à une maladie ou à un accident. J’entends par soins extraordinaires ceux qui n’auraient pour but que de me maintenir en vie sans espoir de guérison ni d’amélioration significative de mon état.

Je refuse notamment :

- en cas d’accident, toute mesure de réanimation si mon cas est apparemment désespéré et, de façon plus générale, tous les soins qui, pour sauver ma vie, pourraient conduire de manière prévisible à une consolidation de mon état qui ne saurait raisonnablement s’envisager sans la perte de mon autonomie physique ou de mon intégrité mentale et pourrait hypothéquer gravement la qualité de ma vie future.

- en cas de maladie, tous les actes susceptibles d’entraîner ou de prolonger une dépendance irréversible, un état végétatif chronique, la décrépitude, la déchéance physique et la sénilité intellectuelle.

Dans ces diverses hypothèses, je n’accepte, le cas échéant, que l’administration de sédatifs et d’antalgiques à dose suffisante pour apaiser mes souffrances même si ces médicaments ont pour effet de hâter le moment de ma mort.
J’accepte la cessation de tout acte de nutrition.

Je refuse d’une manière générale tout acte thérapeutique qui apparaîtrait comme disproportionné, compte tenu de mon âge et de mon état de santé.
Je refuse la violence qui me serait faite d’avoir à supporter des

soins contre ma volonté ici clairement exprimée. Si tel était le cas, je considérerai ces soins et cette violence comme une torture.

Je demande que me soit procurée une aide active à mourir dès lors que je me trouverai :
- en phase terminale, sans conscience,
- dans un état végétatif, y compris sans risque de mort imminente,
- victime de lésions cérébrales graves affectant mes facultés intellectuelles, y compris sans risque de mort imminente,
- plongé dans un coma avec un pronostic défavorable,
- d'une façon générale, dans toute situation qui me conduirait à une existence que je refuse, diminué physiquement et intellectuellement, grabataire, dépendant d'autrui pour les nécessités de l'existence quotidienne, devenu un fardeau pour mon entourage.

Je précise avoir rédigé ce testament en état de lucidité totale et de parfaite information.
Ainsi, je n'ignore pas l'existence des soins palliatifs. Je sais ce que cette notion recouvre, à savoir "des soins actifs dans une approche globale de la personne atteinte d'une maladie grave évolutive et terminale dont l'objectif est de soulager les douleurs physiques ainsi que les symptômes et de prendre en compte la souffrance psychologique et spirituelle".
Personnellement, je ne souhaite pas en bénéficier au delà du seuil que je définirais ou que mes mandataires définiront si je ne suis plus apte à le faire.

Je donne tous mes pouvoirs à mes mandataires qui connaissent ma volonté constante à refuser de retarder inutilement le moment d'un départ inéluctable, pour apprécier au mieux la situation et prendre à ma place les décisions que je n'aurais pas manqué de prendre moi-même si je disposais encore de ma conscience et de la capacité de m'exprimer.

Qu'ils fassent le nécessaire, y compris par voie judiciaire, pour qu'elles soient respectées.

Exemple 3

(Testament du Docteur Heurtematte, pédiatre vauclusien, rédigé à l'âge de 73 ans et publié en 1993 dans "Le Comtadin"[132]*)*

Jouissant de ma pleine capacité, m'exprimant en pleine conscience et en toute liberté, connaissant bien les arguments des détracteurs de l'euthanasie "passive" et "active", je veux faire connaître ma volonté :

- Je ne veux absolument pas être maintenu dans un service hospitalier pour prolonger inutilement ma vie ou être orienté vers un service d'accompagnement aux mourants ou de soins palliatifs sauf si, dans ces services, le corps médical s'engage à me procurer très rapidement une aide à mourir, passive ou active, m'évitant les souffrances. Je ne veux absolument pas prolonger ma vie de quelques jours ou de quelques semaines et je ne veux absolument pas que cette aide que je demande soit considérée autrement que comme une aide humanitaire répondant à une souffrance et à une exigence personnelle.

- Dans le cas où ma requête d'aide à mourir, présentée par moi ou par ma famille, ne serait pas prise en considération par le service médical, je ne veux absolument pas être maintenu dans un service hospitalier contre mon gré ou contre celui de ma famille. Dans ce cas, je désire mourir chez moi, ce qui, c'est une évidence, risque d'être moins pratique.

- Mourir chez moi je pourrais peut-être le faire seul, sans aide, ce qui mettrait mes proches à l'abri de possibles ennuis. Mais

---

[132] *Le Comtadin*, 15/04/1993.

je serais vraisemblablement aidé, soutenu, et la plus odieuse vilenie que l'on pourrait faire serait de créer des ennuis aux miens qui m'auraient aidé par amour, affection et respect.

- Reste à considérer le cas de la vieillesse quand elle n'est qu'elle-même et ne se greffe pas sur une maladie intercurrente. La vieillesse a ses agréments, ses avantages et j'aimerais profiter longtemps d'une bonne vieillesse. D'autant qu'avec ma femme, je ne suis pas un vieux solitaire et nous formons un couple uni. Pour le moment je ne me vois guère vivre sans elle, mais je crois qu'elle devrait pouvoir vivre sans moi. Aussi dois-je bien définir ce qui serait pour moi une vieillesse insupportable, au sens propre :

* la perte de l'autonomie physique, l'état grabataire, les troubles sphinctériens, les difficultés d'alimentation avec tout leur cortège de soins hygiéniques, infirmiers et médicaux.

* les handicaps sensoriels, avec surtout la cécité.

* l'admission dans un service d'hébergement ou de soins pour "personnes âgées" quelle que soit la qualité du service. Si je devais aller là, je n'ai aucune raison valable de survivre. Et je refuse également, pour envisager toutes les éventualités, la prise en charge à leur domicile par un de mes enfants qui pourrait le faire par compassion. Je refuse absolument, catégoriquement, d'être à la charge de ma femme, de ma famille, de la société.

Si je le puis, ce problème là, je le résoudrai moi-même par le suicide, par l'auto-délivrance. Mais je voudrais éviter la laideur du geste, générateur de mauvais souvenirs. Je voudrais réaliser un départ harmonieux dans le calme d'un ensemble familial qui accepte le départ de celui des siens qui a fini son temps. Peut-être avec ma femme, suivant la situation, nous choisirons le départ de couple. Dans ce domaine la prévision est difficile.

Je crois avoir bien décrit la vieillesse dont je ne veux pas.

C'est pourquoi si je rate la sortie au moment opportun, je demande instamment de l'aide afin que l'on réalise pour moi ce que j'aurais manqué. Et il ne s'agira pas du tout de faire disparaître un vieux gênant qui s'obstine à vivre mais, pour ma famille, d'un acte d'affection et de respect pour moi, et, pour le médecin qui voudrait bien prêter son concours, d'un acte d'assistance, humanitaire.

ANNEXE 2 :
DÉSIGNATION D'UN MANDATAIRE

Exemple 1

(Modèle proposé par l'ADMD)

Je soussigné (e) ...
né (e) le ... à ...
profession ... nationalité ....
demeurant à ....

Signataire d'une "Déclaration de Volonté de Mourir dans la Dignité", dont copie jointe,

Considérant que je puis me trouver dans un état physique ou mental qui ne me permette pas d'exiger qu'on respecte mes volontés au sujet de ma propre vie,

DONNE MANDAT, conformément aux articles 1984 et suivants du Code Civil et aux articles 35 et 36 du Code de déontologie médicale

à ....
né (e) le .... à ....
demeurant à ....

qui connaît bien mes volontés en matière de santé et qui accepte cette mission, de veiller à leur exécution.

En conséquence, je lui donne pouvoir pour requérir en mes

lieu et place :

1. Une exacte information sur mon état de santé, sur le pronostic qu'il autorise, et sur les traitements possibles et leurs conséquences probables.

2. La non-application ou la suspension de tout traitement qui ne pourrait garantir une amélioration sensible de mon état et ne saurait que différer une issue fatale, même si cette décision devait entraîner ma mort.

3. La mise en oeuvre de tout moyen propre à supprimer la douleur.

4. Mon maintien ou mon transfert en tout lieu.

Si besoin est, mon mandataire pourra engager toutes démarches utiles.

Fait à .... le ....

Signature du mandant

Signature du mandataire

Le mandant fait précéder sa signature de la mention manuscrite "Bon pour mandat à M.....

Le mandataire fait précéder sa signature de la mention manuscrite : "Bon pour acceptation de mandat."

Exemple 2

“Je désigne X,

subsidiairement, si X n’était pas disponible, Y,

subsidiairement si Y ne l’était pas non plus, Z,

pour s’exprimer en mes lieu et place dans l’hypothèse où je ne serais plus en mesure de m’exprimer moi-même.

Je délègue à celui d’entre eux dont la disponibilité permettra d’exercer cette fonction mon autorité pour :

- faire respecter mes volontés clairement exprimées dans mon testament de vie,

- refuser par conséquent en mon nom les traitements, opérations, thérapies, soins qui pourraient m’être proposés s’il les jugeait en contradiction avec l’esprit de mon testament,

- réclamer l’administration des produits nécessaires au traitement de la douleur même si cela devait entraîner ma mort,

- prendre la décision de me sortir de l’hôpital ou de me transférer dans un autre établissement de soin s’il le juge utile,

- exiger le cas échéant que me soit donné une aide médicale active à mourir,

- engager toute procédure amiable ou contentieuse pour obtenir le respect de mes volontés.

Dans l’hypothèse où l’institution médicale se refuserait à entendre mes demandes formulées par la voix de mes mandataires, et qu'à la suite de ce refus, “sauvé par la médecine” et “condamné à vivre” contre ma volonté dans des conditions de vie que j'avais pris la peine de refuser clairement, je sois confronté à des douleurs inutiles dans un état de dépendance défini comme le fait d'avoir besoin de recourir à un tiers pour exécuter les actes élémentaires de la vie courante, je les mandate également, si je n'ai plus les capacités nécessaires pour le faire moi-même, pour engager en mon nom, avec mes ayants-droit, les procédures nécessaires pour que la responsabilité de l'établissement de santé m'ayant prodigué, contre ma volonté, ces “soins”, soit recherchée et reconnue avec toutes les conséquences de droit que cela suppose”.

ANNEXE 3 :
MODÈLE DE LETTRE DESTINÉE AUX MÉDECINS HOSPITALIERS

Exemple 1

(Modèle proposé par l'ADMD)

Docteur,

Je viens d'être hospitalisé (e) dans votre service. Vous êtes chargé de mon suivi médical. Je sais que vous m'apporterez tous les soins appropriés à mon état compte tenu des progrès remarquables de la médecine et des règles de déontologie médicale. Mais ignorant ce qu'il peut advenir, par avance je vous prie, s'il en était besoin, de faire en sorte que mes douleurs soient soulagées par tous les moyens et que mes volontés soient respectées, comme le prévoit la Charte du Patient Hospitalisé du 6 Mai 1995.

Je désire vous informer que je suis membre de l'ADMD (Association pour le Droit de Mourir dans la Dignité), association qui milite pour trois objectifs :
1°) Que la douleur soit complètement soulagée,
2°) Que soient évités les abus de l'acharnement thérapeutique,
3°) **Que les personnes qui le demandent expressément,** et **elles seules,** puissent obtenir une aide active à mourir.

Comme tous les membres de cette association, j'ai rédigé la "déclaration de volonté de mourir dans la dignité" ci-jointe dans laquelle mes volontés sont très clairement exprimées.

C'est en pleine possession de mes facultés intellectuelles que j'écris ces lignes. Les personnes désignées ci-dessous connaissent et respectent mes idées sur ce sujet. Je souhaite,

au cas où je ne serais plus capable d'exprimer ma volonté, que les décisions médicales graves me concernant soient prises en les consultant.
De même, j'aimerais que le Dr ...., médecin qui me connaît bien, soit consulté et informé.

Je vous remercie par avance de tenir compte de mon point de vue, au cas où mon état le justifierait, et vous prie de croire, Docteur, en ma considération distinguée.

Personnes à consulter au cas où je ne serais plus capable d'exprimer ma volonté : .....

Exemple 2

(Modèle destiné aux médecins faisant preuve "d'obstination déraisonnable")

C'est de manière très solennelle que nous, (proches parents, mandataires), venons vous demander l'arrêt **IMMÉDIAT** de toutes les thérapies "actives" en cours concernant monsieur X, âgé de 85 ans, hospitalisé dans votre service.
Continuer à lui administrer contre sa volonté clairement exprimée lorsqu'il était en état de le faire des produits tels que (détailler : antibiotiques, anticoagulants etc...) relève en effet d'une "obstination déraisonnable", en d'autres termes de l'acharnement thérapeutique.
Nous regrettons d'ailleurs que vous ayez cru devoir prendre l'initiative de telles administrations sans qu'aucun d'entre nous n'ait été ni prévenu, ni informé, contrairement aux articles 36 du Code de déontologie médicale et 1111-6 du Code de la Santé Publique qui vous en faisaient pourtant l'obligation.

Votre intervention ne sert en effet nullement à prolonger sa vie, mais seulement à prolonger son agonie dans le meilleur des cas, et, dans le pire, à lui faire courir le risque de survivre dans des conditions de vie inacceptables qu'il a toujours refusées, ce qui est de nature à engager votre responsabilité.

Nous vous demandons :

- d'ordonner immédiatement l'arrêt de l'administration de tout médicament n'ayant pas pour objet exclusif le confort du malade,
- d'ordonner l'arrêt des opérations de nutrition, perfusion, hydratation, sauf dans l'hypothèse où ces opérations s'avéreraient nécessaires pour le traitement de la douleur,
- de maintenir et d'augmenter autant que cela sera

nécessaire les doses de morphine susceptibles d'assurer à monsieur X. une fin de vie paisible.

Soucieux de voir respecter sa volonté et ses droits, nous vous informons que nous n'hésiterons pas à engager votre responsabilité devant les tribunaux si nous ne devions pas être entendus.
Sans attendre, nous vous informons de notre intention de saisir la commission de conciliation prévue par l'article L. 1112-2 du code de la santé publique[133].

Fait en double exemplaire, dont un remis en main propre le ... à ... heures au Docteur Y.

PJ. testament de vie de monsieur X.

---

[133] Chaque établissement de santé dispose d'une commission de conciliation chargée d'assister et d'orienter toute personne qui s'estime victime d'un préjudice du fait de l'activité de l'établissement et de lui indiquer les voies de conciliation et de recours dont elle dispose.

ANNEXE 4 :
EXEMPLE DE PROCÉDURE GRACIEUSE

La justice, avec ses lenteurs, ses lourdeurs, inquiète.
Il est cependant possible d'imaginer des procédures "gracieuses", non contentieuses, relativement simples, prenant la forme de requêtes présentées au Président du Tribunal de Grande Instance dont dépend le requérant, puis, en cas de refus, au Premier Président de la Cour d'appel.

Il importe naturellement de ne nourrir aucune illusion quant à leur résultat dans l'immédiat. Combien d'années de procédures et de condamnations prononcées contre "avorteuses" et "avortées" avant d'en arriver au jugement du Tribunal de Bobigny !
De telles requêtes doivent d'abord être considérées comme des actes "militants" permettant à la question de l'euthanasie de demeurer en permanence au coeur de l'actualité sans qu'il soit besoin d'attendre l'arrivée d'un drame pour entendre le débat une fois encore officiellement "relancé"...
Chacune de ces procédures est également porteuse d'espoir, car, n'en doutons pas, un jour viendra où l'une d'entre elles sera accueillie favorablement.
Elles peuvent tenter de répondre aux demandes de personnes se trouvant par exemple dans les situations suivantes :

- personnes conscientes atteintes d'une maladie chronique qualifiée de "mortelle" se refusant à subir toutes les étapes du cycle de leur maladie et préférant mourir sans les combats thérapeutiques de la dernière ou de l'avant dernière chance et *a fortiori* avant de relever des soins palliatifs ou de l'accompagnement aux mourants (à l'instar de Roger Quillot).

- personnes gravement handicapées se refusant de supporter plus longtemps le poids de leur handicap ou de leur infirmité (à l'exemple de Diane Pretty ou de Vincent Humbert).

- personnes âgées, encore conscientes et lucides, se refusant à être progressivement envahies par une sénilité dégradante et souhaitant disposer des moyens nécessaires lorsqu'ils jugeront le moment venu (à l'exemple de Mireille Jospin).

- personnes privées de toute conscience d'elles-mêmes (ex. rupture d'anévrisme cérébral, Alzheimer), ou se trouvant en phase terminale suite à une longue maladie, ou encore victimes d'accidents aux conséquences très lourdes, ayant prévu ces hypothèses dans leur testament de vie, agissant par l'intermédiaire de leur mandataire.

* * *

Monsieur Paul S., 91 ans, vit à son domicile. Il est atteint de la maladie de Parkinson et d'un cancer de la prostate. Victime quelques mois auparavant d'un accident vasculaire cérébral, il passe le plus clair de son temps dans son lit ou en fauteuil.
Monsieur S. est lucide, conscient, et bénéficie d'un entourage familial chaleureux. Il se trouve en parfaite harmonie avec son médecin traitant, le docteur H.
Estimant "avoir fait son temps", refusant la détérioration inéluctable de son état, il saisit la justice d'une demande de délivrance des produits nécessaires afin de pouvoir en disposer pour mettre fin à ses jours dans les meilleures conditions lorsqu'il jugera le moment venu.

REQUÊTE
À Monsieur le Président du Tribunal de Grande Instance

Monsieur Paul S.,
mention d'état civil,
adresse,

A L'HONNEUR DE VOUS EXPOSER :

* Âgé de 91 ans, monsieur S. souffre de la maladie de Parkinson depuis 19.. et d'un cancer de la prostate depuis 19... Il a été victime en 20.. d'un accident vasculaire cérébral qui, pour l'heure, le contraint à passer le plus clair de son temps en fauteuil ou dans un lit médicalisé, et qui, à moyen terme, ne peut que conduire de manière inéluctable à une dégénérescence progressive de ses fonctions supérieures.

cf. pièces 1 et 2 : certificats médicaux convergents du médecin traitant, le docteur H., et d'un second médecin, consulté pour avis, le docteur B. relatant la nature des maladies et infirmités dont souffre Paul S., les interventions qu'il a du subir (traitements, opérations), le niveau de sa souffrance psychique et physique, l'effet thérapeutique prévisible des soins qui lui sont prodigués et leur incapacité à autoriser un espoir raisonnable d'améliorations significatives, l'évolution vraisemblable de son état physique et/ou psychique, son espérance de vie prévisible.

* Les souffrances intenses et permanentes qui sont aujourd'hui les siennes, le caractère à terme incurable des

maux dont il est atteint, le refus de devoir supporter l'irréversible dégradation de son état, conduisent monsieur S. à vous saisir d'une demande exceptionelle mais néanmoins légitime, celle d'être en mesure de disposer à son heure des substances nécessaires pour en terminer avec sa vie.

*

Dans son article 2, la Déclaration Universelle des Droits de l'Homme reconnaît à chacun la possibilité de se prévaloir de tous les droits et de toutes les libertés y étant proclamés, "*sans distinction aucune*" : Paul S. est donc bien fondé à saisir la justice pour obtenir le respect de ses volontés, fussent-elles les dernières, comme l'y autorisent les textes et principes suivants :

- Les articles 18 et 19 de la Déclaration Universelle des Droits de l'Homme et 9 et 10 de la Convention Européenne des Droits de l'Homme affirment le droit à la liberté de pensée, de conscience, d'expression et d'opinion.

- Le Préambule de la Déclaration Universelle des Droits de l'homme fait de la reconnaissance de la dignité le fondement de la liberté. Le respect de la dignité commence par le respect des opinions et des convictions. Chacun est seul juge de ce qui caractérise sa propre dignité.

- Les articles 8 de la Convention Européenne des Droits de l'Homme, 12 de la Déclaration Universelle des Droits de l'Homme et 9 du code civil affirment le droit de chacun au respect de sa vie privée.

- L'article 3 de la Déclaration Universelle des Droits de

l'Homme reconnaît pour tout individu le *"droit à la vie et à la liberté"*. Ce qui signifie que si la vie est un droit, elle ne saurait être considérée comme une obligation, ce qui constituerait une entrave à la liberté.

- Les articles 4 et 5 de la Déclaration des Droits de l'Homme et du Citoyen ont par ailleurs défini les limites des exceptions pouvant être apportées aux principes susvisés, exceptions qui, comme telles, ne peuvent être interprétées que de manière restrictives. La liberté consiste à pouvoir faire *"tout ce qui ne nuit pas à autrui"*, *"tout ce qui n'est pas défendu par la loi ne pouvant être empêché"*.
Par suite, le suicide est licite et ne peut être empêché, la Jurisprudence qualifiant d'ailleurs cet acte *"d'expression d'une volonté jaillie du tréfonds intime d'une personne libre et responsable"*. Aucun principe juridique ne vient limiter le droit de toute personne libre à être maître de sa vie, fut-ce à son dernier instant, que l'on nomme la mort.

Paul S. n'a pas attendu d'être malade pour réfléchir à l'attitude qu'il souhaitait avoir face à la mort. Voici plus de quarante années qu'il a rédigé une déclaration de volonté définissant les critères pouvant le conduire à prendre la décision de renoncer à la vie.

cf. pièce 3 : testament de vie de monsieur S.

Il n'existe aucune incertitude quant à la volonté qui est de ce point de vue la sienne : sa lucidité est totale et sa détermination ferme.

cf. pièce 4 : témoignages de ses proches, pièce 5 : certificat médical permettant d'apprécier son niveau de lucidité et son état de conscience au jour de l'engagement de l'action.

Paul S. ne demande pas l'autorisation de se suicider, ce droit lui étant d'ores et déjà reconnu. Il sollicite les moyens de réaliser ce droit qui est le sien afin de mettre un terme à ses souffrances lorsqu'il ne se sentira plus la force de les supporter, étant rappelé que l'aide et l'assistance au suicide n'étant pas interdites par la loi, sont autorisées.
En parfaite “alliance thérapeutique” avec son médecin traitant, le Docteur H., Paul S. souhaite voir ce dernier autorisé à établir l'ordonnance nécessaire à la délivrance des produits nécessaires à sa disparition.
Il souhaite également que le Docteur H. soit autorisé à lui fournir une aide active à mourir si l'aggravation de son état lui faisait perdre l'autonomie nécessaire pour mettre lui-même fin à ses jours.

Il est ici rappelé que les articles 36, 37 et 38 du code de déontologie médicale font du respect de la volonté du malade une priorité, y compris dans les situations où cette volonté serait de nature à mettre sa vie en danger.

Faire droit à sa demande sera de nature à diminuer ses souffrances psychiques. Cette préoccupation première, diminuer les souffrances du malade, constitue d'ailleurs un véritable objectif thérapeutique, pour ne pas dire une obligation légale pour le Docteur H..
Être délivré du souci concernant les questions matérielles (produit à utiliser, doses) lui permettant d'accomplir son geste à coup sûr, savoir qu'il lui sera désormais possible d'avoir accès quand il le souhaitera à cet ultime recours, lui permettront sans aucun doute de mieux profiter des traitements qui lui sont actuellement prodigués. Pour ces diverses raisons, il sollicite dans ce but l'assistance de son médecin traitant qui en accepte l'idée.

cf. pièce 6, attestation Docteur H.

Paul S. indique souhaiter partir un peu plus tôt que prévu afin d'éviter le risque de partir trop tard. Il se permet de rappeler que, statistiquement, l'espérance de vie en France est actuellement de 74,2 ans pour les hommes et de 82,1 ans pour les femmes. Il a donc d'ores et déjà "statistiquement" vécu bien au delà de ce qu'il pouvait espérer.
Il aspire à choisir lui-même le moment de son sommeil définitif. Tout cela est son droit et l'expression même de sa liberté. Il considère qu'il serait contraire à sa dignité de le contraindre pour cela à recourir à des moyens violents, barbares, sinistres et dégradants. Monsieur S. refuse d'utiliser des pratiques indignes du XXI° siècle.
Pour lui éviter cela et assurer le respect de ses droits, Paul S. vous prie de prendre en considération la situation exceptionnelle dans laquelle il se trouve.

Cette situation exceptionnelle s'apparente à un cas de force majeure en présence de laquelle la prohibition contenue dans la dernière phrase de l'article 38 du code de déontologie médicale ne saurait recevoir application.
Il vous est en conséquence demandé de constater par anticipation le caractère licite des diligences que le Docteur H. voudra bien entreprendre afin de lui éviter toutes poursuites éventuelles, tant pénales que civiles ou disciplinaires.

PAR CES MOTIFS

Vu le Préambule de la Déclaration Universelle des Droits de l'Homme et ses articles 2, 3, 12, 18 et 19,
les articles 4 et 5 de la Déclaration des Droits de l'Homme et du Citoyen,
les articles 8, 9 et 10 de la Convention Européenne des Droits de l'Homme,

l'article 9 du code civil,
les articles 36, 37 et 38 du code de déontologie médicale,

CONSTATANT

* le caractère volontaire, réfléchi, réitéré, sincère et déterminé de la demande

* le caractère sans issue et insupportable de la situation médicale dans laquelle se trouve monsieur S.

* l'état de force majeure auquel il se trouve confronté

* l'avis conjoint et conforme des Docteurs H. et B.

- **ASSURER LE RESPECT DE LA VOLONTÉ** clairement exprimée par Paul S.

- **RECONNAÎTRE SON DROIT** à mettre fin à son existence

- **AUTORISER** l'administration des substances nécessaires à provoquer sa mort

- **AUTORISER** dans ce but le docteur H. à prescrire l'ordonnance nécessaire pour que Paul S. puisse procéder lui-même à l'injection ou à l'absorption de substances létales permettant la réalisation de son droit, ou s'il n'est plus en état de le faire, y procéder lui même.

ANNEXE 5 :
PROPOSITIONS DE LOIS

Proposition de loi n°215 enregistrée à la Présidence du Sénat le 13/02/1997[134].

Article premier

Toute personne en mesure d'apprécier les conséquences de ses choix et de ses actes est seule juge de la qualité et de la dignité de sa vie ainsi que de l'opportunité d'y mettre fin.

Article 2

Lorsqu'elle refuse un acharnement thérapeutique ou souhaite l'administration d'antalgiques qui pourraient hâter son décès, le médecin doit s'y conformer, sous réserve d'invoquer son cas de conscience dans les conditions prévues par l'article 8.

Article 3

Elle peut obtenir une aide active à mourir lorsqu'elle estime que l'altération effective ou imminente de cette dignité ou de cette qualité de vie la place dans une situation de détresse.

Article 4

Sa volonté, révocable à tout moment, de mettre un terme à

---

[134] Parmi les 35 sénateurs signataires de ce texte figuraient notamment Michel CHARASSE, Michel DREYFUS-SCHMIDT et Roger QUILLOT.

son existence pourra être établie par tous moyens, notamment par un testament ou un procès-verbal signé de deux personnes en présence d'un officier de police judiciaire requis par le médecin.

Article 5

Elle peut charger un représentant *ad hoc* de faire connaître son souhait d'exercer la faculté prévue aux articles 2 et 3 et d'en requérir l'exécution au cas où elle ne serait plus en état de le faire elle-même.

Article 6

Toute personne admise dans un établissement de soins public ou privé devra être informée des facultés prévues aux articles 2 et 3.
Il doit en outre lui être demandé si elle a rédigé une déclaration de volonté de mourir dans la dignité et si elle a désigné un représentant *ad hoc.*
Une copie de sa déclaration de volonté et une copie de la désignation de son représentant ad hoc doivent être déposées, contre récépissé, auprès de l'établissement de soins.

Article 7

Le médecin qui fait droit à la volonté du patient dans les conditions prévues aux articles 2 et 3 peut exiger au préalable le dépôt décrit à l'article 6 ou la rédaction d'un testament ou procès-verbal mentionné à l'article 4.
Il déclarera l'acte accompli au conseil de l'ordre des médecins, qui le mentionnera dans un registre spécial.
Il n'encourt aucune sanction.

Article 8

Si un médecin n'entend pas, en conscience, donner suite à une

demande présentée en application des articles 2 ou 3, il doit en aviser la personne concernée.
Il le fera dès le premier entretien si celle-ci a déposé une déclaration conformément à l'article 6, et dès qu'il a connaissance de sa volonté si celle-ci est exprimée postérieurement à l'hospitalisation.
Il est alors tenu, si aucun médecin dans l'établissement ne souhaite accéder à la demande du patient, de pourvoir dans les meilleurs délais au transfert de celui-ci dans un autre établissement.

Proposition de loi n°3499 déposée le 3/01/2002 à la Présidence de l'Assemblée Nationale[135]

Article premier

Une personne peut demander qu'il soit mis fin à sa vie par un moyen indolore lorsque son état de santé est incurable et laisse prévoir un décès à échéance de moins de trois mois.

Article 2

Cette demande peut être prise en considération si elle a été consignée par la personne concernée dans une déclaration écrite et signée avant la survenance de sa dernière maladie et confirmée verbalement par elle-même ou, si elle n'est plus en état de s'exprimer, par une autre personne, âgée de 25 ans au moins, qu'elle aura auparavant chargée de la représenter.

Article 3

La personne concernée peut également exprimer sa volonté d'être aidée à mourir avant l'échéance naturelle, si la condition prévue à l'article 1° est rempli, par une déclaration verbale réitérée à 48 heures d'intervalle devant deux témoins dont un seulement peut être le conjoint, un ascendant, un descendant ou un collatéral au premier degré.

Article 4

L'état de santé exigé par l'article 1° est établi par un certificat médical dressé par deux médecins dont un seulement exerce

---

[135] Ce texte fut déposé par messieurs Jean-Pierre Michel et Jacques Dessalangre, députés.

ses fonctions dans le service hospitalier où, le cas échéant, la personne concernée est traitée.

Article 5

L'acte d'aide à mourir ne peut être accompli que par un médecin ou sous sa responsabilité. Celui-ci rédigera un procès-verbal relatant les circonstances de l'intervention et auquel seront jointes les pièces l'ayant justifiée. Le procès-verbal et ses annexes seront conservés par un médecin et pourront être produits, nonobstant le secret professionnel, au cas où une procédure judiciaire le rendrait nécessaire pour la défense du médecin.

Article 6

Un médecin n'est jamais tenu de pratiquer un acte d'aide à mourir mais il doit informer de son refus la personne concernée ou le représentant qu'elle a désigné et autoriser, s'il est demandé, le transfert de la personne dans un autre service ou établissement. Tout autre membre de l'équipe soignante peut refuser de concourir à une aide à mourir mais ne doit pas, par son comportement, l'entraver.

Article 7

L'article 221-1 du code pénal est complété par un alinéa ainsi rédigé : "Toutefois, l'aide active à mourir, pratiquée sur la demande de la personne concernée, par un médecin ou sous sa responsabilité, dans les conditions prévues par la loi, n'est pas considérée comme un meurtre".

Article 8

L'article 221-5 du code pénal est complété par un alinéa ainsi rédigé :
"Toutefois, l'aide active à mourir, pratiquée sur la demande

de la personne concernée, par un médecin ou sous sa responsabilité, dans les conditions prévues par la loi, n'est pas considérée comme un empoisonnement".

Proposition de loi n°788 enregistrée le 10/04/2003 à la Présidence de l'Assemblée Nationale[136], relative au **droit** de **finir sa vie** dans la **liberté**.

Article premier

Toute personne en mesure d'apprécier les conséquences de ses choix et de ses actes est seule juge de la qualité et de la dignité de sa vie ainsi que de l'opportunité d'y mettre fin dans les conditions limitativement déterminées par la présente loi.

Article 2

Lorsqu'une personne refuse un acharnement thérapeutique, le médecin doit s'y conformer, sous réserve d'invoquer son cas de conscience dans les conditions prévues par l'article 10.

Article 3

Une personne peut obtenir une aide active à mourir si elle fait état d'une souffrance ou d'une détresse constante, insupportable, non maîtrisable consécutive à un accident ou à une affection pathologique incurable et si elle estime que l'altération de sa dignité ou de sa qualité de vie la place dans une situation telle qu'elle ne désire pas poursuivre son existence.

---

[136] Ce texte fut présenté par 81 députés parmi lesquels MM. Jean-Louis Bianco, Michel Delebarre, Julien Dray, Toni Dreyfus, Henri Emmanuelli, Jean Glavany, Didier Migaud, Jean-Jack Queyranne, Paul Quilès, Daniel Vaillant ainsi que par Mme Christiane Taubira.

Article 4

Pour faire droit à une aide active à mourir, le médecin a l'obligation de donner à son patient une information claire et complète sur son état de santé, ainsi que sur les possibilités de recours à des soins palliatifs.
Il devra également prendre l'avis d'un de ses confrères quant au caractère incurable de l'accident ou de l'affection; s'assurer de la persistance de la souffrance ou de la détresse de son patient et de sa volonté réitérée; s'assurer enfin que le patient a eu la possibilité de s'entretenir de sa demande avec toutes les personnes qu'il désirait rencontrer.

Article 5

La volonté de la personne visée à l'article 1°, révocable à tout moment, de mettre un terme à son existence est établie par un testament de fin de vie signé de deux témoins en présence d'un officier de police judiciaire requis par un médecin qui atteste du souhait conscient du patient.

Article 6

Elle peut charger un représentant *ad hoc* de faire connaître son souhait d'exercer la faculté prévue aux articles 2 et 3 et d'en requérir l'exécution au cas où elle ne serait plus en état de le faire elle-même.

Article 7

La déclaration et la désignation d'un mandataire prévues à l'article 6 doivent être écrites en entier, datées et signées par leur auteur. Elles sont révocables à tout moment. Si le patient se trouve hors d'état d'écrire, ces déclarations et désignations seront dictées par lui à une tierce personne en présence de deux témoins qui signeront ces documents et d'un officier de police judiciaire requis par un médecin qui atteste du souhait conscient du patient.

Article 8

Toute personne admise dans un établissement de soins public ou privé est informée des facultés prévues aux articles 2 et 3.
Il lui est en outre demandé si elle a rédigé un testament de fin de vie et si elle a désigné un représentant *ad hoc*.
Une copie de son testament de fin de vie et une copie de la désignation de son représentant ad hoc sont déposées, contre récépissé, auprès de l'établissement de soins.

Article 9

Le médecin qui fait droit à la volonté du patient dans les conditions prévues par la présente loi déclare sans délai l'acte accompli au Procureur de la République. Il n'encourt aucune sanction au plan pénal et professionnel.

Article 10

Si un médecin n'entend pas, en conscience, donner suite à une demande présentée en application des articles 2 ou 3, il doit en aviser la personne concernée.
Il le fait dès le premier entretien, si celle-ci a déposé une déclaration écrite conformément à l'article 8 et dès qu'il a connaissance de sa volonté, si celle-ci est exprimée postérieurement à l'hospitalisation.
Il est alors tenu, si aucun médecin dans l'établissement ne souhaite accéder à la demande du patient, de pourvoir "dans les meilleurs délais" au transfert de celui-ci dans un autre Établissement, soit encore d'aviser un de ses confrères libéral.

Article 11

Après l'article 221-5-1 du code pénal est inséré un article

221-5-2 ainsi rédigé :
"Il n'y a ni crime ni délit lorsque les faits visés aux articles 221-1 et 221-3 ont été commis par un médecin et commandés par la nécessité de mettre fin à la souffrance ou à l'état de détresse constant, insupportable et inapaisable, à la demande d'un patient atteint d'un accident ou d'une affection incurable, pour autant que le médecin ait respecté les conditions et procédures énoncées dans la loi du ... relative au droit de finir sa vie dans la liberté."

Article 12

Si l'intervenant est un médecin libéral ou un tiers, il a l'obligation de respecter les procédures visées aux articles 1, 3, 5, 6 et 7. Il ne doit avoir aucun motif personnel ni intérêt égoïste à agir. Il a l'obligation d'informer le Procureur de la République sans délai.

Article 13

Si des poursuites sont engagées contre un médecin ou un tiers pour non-respect des conditions et procédures prévues par la présente loi, il peut être reconnu coupable d'une infraction délictuelle passible de dix ans d'emprisonnement et 75 000 Euros d'amende.

IN MEMORIAM

À Euphratès et Hadrien.

À l'anarchiste Alexandre Marius Jacob, qui mit fin à ses jours à 75 ans, en laissant ce billet : *"Linge lessivé, rincé, séché, mais pas repassé. Vous trouverez deux litres de rosé près de la panetière. À votre santé !"*

À la mémoire d'Henry de Montherlant qui, privé de la vue, refusa à l'âge de 77 ans, de devoir cesser de lire et d'écrire.

À Gilles Deleuze, malade, contraint de se défenestrer dans un hôpital parisien.

À Romain Gary, suicidé par arme à feu.

À Bernard Buffet, atteint d'une maladie de Parkinson insupportable au peintre qu'il était, étouffé à l'aide d'un sac en plastique après avoir préparé sa dernière exposition annuelle dont il avait fixé le thème et le titre : la Mort.

À Bruno Bettelheim, disparu dans les mêmes conditions.

À Hervé Guibert qui, atteint du SIDA, se donnant la mort par absorption d'une dose massive de digitaline comme annoncé dans son livre *À l'ami qui ne m'a pas sauvé la vie*, fut "sauvé" in extremis par des âmes charitables qui le contraignirent à agoniser quatorze jours durant à l'hôpital Antoine-Béclère de Clamart.

À Roger Quillot.

Roger Quillot, sénateur-maire de Clermont-Ferrand, ancien ministre, mit fin à ses jours à l'âge de 73 ans en absorbant des barbituriques en compagnie de son épouse Claire qui devait être réanimée.

Dans sa lettre-testament adressée au journal *La Montagne*, Roger Quillot écrivait notamment :

> *"Nous comprendra-t-on si je dis que notre choix commun de la mort volontaire à deux est un acte à la fois de liberté et d'amour de la vie dans sa plénitude ?*
> *(...)* "Je voudrais qu'à cet âge, on sortit de la vie ainsi que d'un banquet, remerciant son hôte et qu'on fit son paquet" *disait La Fontaine qui ne sut pas se conformer à cette sagesse et mourût fort mal.*
> "Remerciant son hôte". *La vie, notre hôte, oui nous la remercions. (...) Nous avons connu de grandes joies et de grands chagrins; avec les unes et les autres, nos vies auront été pleines. Nous avons eu la chance de nous rencontrer; nous avons exercé le métier d'enseignant, un des plus beaux du monde; nous avons aussi connu les richesses et les déceptions de l'écriture, un demi-siècle de militantisme socialiste; tout cela répondait aux rêves de notre jeunesse et, somme toute, nous avons été heureux.*
> "Et qu'on fit son paquet" : *hé ! Il le faut bien. J'aurais cru devoir le faire beaucoup plus tôt, avec le corps*

dont j'ai du m'accommoder; la médecine a fait des prouesses. Pourtant, avec l'âge, la dégradation s'accélère; les séjours à l'hôpital se multiplient; non seulement nous ne pourrions plus servir ni nos proches ni la société mais nous risquerions de les encombrer toujours plus (...). Puisque de toute façon la mort gagne, tant vaut-il l'affronter ensemble et debout, vivants, puisqu'il faut l'être pour affronter la nuit. Nous partons en paix (...)."

Quelques semaines plus tard, son épouse Claire écrivait à son tour à *La Montagne* :

> *"Il faut bien constater une chose : la volonté des morts, on veut bien la comprendre et la respecter, mais on n'en tient aucun compte. Nous l'avions écrit que nous ne voulions pas être réanimés et notre lettre était bien claire ... C'était sans doute de notre part une sentimentalité un peu dérisoire, cette envie de finir ensemble; mais cela ne faisait de tort à personne, ne causait aucune complication et m'éviterait, maintenant, tout le temps qu'il va me falloir pour apprendre chaque matin que Roger est mort".*

L'année suivante[137], elle précisait :

> *"À peine entrevus les tuyaux métalliques dans la lumière offensante, j'ai su la mort de Roger et demandé : "qui nous a trahis ?". Larve au fond des limbes, je me cramponnais à l'obsession de la grande feuille laissée sur la table pour interdire de nous réanimer. Sans en tenir compte, sans lire la lettre qui expliquait tout, on m'avait forcée à vivre comme on*

---

[137] Roger Quillot, *Mémoires*, Préface de Claire Quillot, Odile Jacob, 1998.

viole. L'avion que nous devions prendre à deux venait de s'envoler avec Roger seul, et seule je restais dans cet aéroport étranger, en proie à des gestapistes qui m'épuisaient avec des questions ineptes sur la date de notre décision".

À Mireille Jospin, qui adorait les fleurs.

Table des matières